まちづくりブックレット5

熟議するコミュニティ

伊藤　雅春 著

東信堂

「まちづくりブックレット」を手にみんなで考えよう

地域コミュニティとコミュニティ政策について、市民たちが自分ごととして考えていける素材を提供することを目指して、このブックレットシリーズを刊行します。

コミュニティ政策学会は、すでに 2013 年から『コミュニティ政策叢書』を、東信堂のご助力を得て、刊行してきていますが、さらに裾野を広げて、一般の読者にも読みやすく分かりやすいブックレットを考えました。地域住民組織、地域まちづくり、地域福祉、地域民主主義、地域分権、地域のつながりなどなど、地域のことを考える共通の言論の場をつくりたいとの思いから、企画しています。

この小さな冊子を手にとって、ともに考えてみませんか。

2020 年 1 月
コミュニティ政策学会

はしがき

出版を目前にして予期せぬコロナ禍が発生した。近接性が特徴であるコミュニティの活動が自粛生活の中で最も影響を受けたと思われる。一方でステイホームのかけ声の下、コミュニティレベルの身近な生活圏を改めて見直した人も多かったかも知れない。緊急事態宣言が発せられ、僕自身はステイホームではなくステイコミュニティを考えるべきではないかと思っていた。災害の場合と違い、コロナ禍に対するコミュニティ圏への期待は、国や自治体からも市民からも聞こえてはこなかった。すべては家族という親密圏と国や都道府県単位の公共圏の問題として、対策と対応の議論が進められたように思う。コロナ問題に対してミュニティで対応するという発想自体がなかったことに、日本の様々な分野の政策の、コミュニティに対する期待というものの実態が明らかになったように思う。福祉や防災や防犯などの問題で、コミュニティが重要であると叫ばれるにも拘わらず、コミュニティに対する信頼性は、おもいのほか脆弱であることが明らかになったのではないだろうか。

一方でコロナ禍で否応なく広がったオンラインのコミュニケーションが、コミュニティの運営方法を根本的に進化させていくのではないかということもわかってきた。わたしたちのコミュニティでもオンラインの利用が目に見えて増え、町内会の役員会にさえオンライン会議が取り入れられることになった。アフターコロナになっても決して戻ることのない会議方法の進化が、コミュニティへの参加方法の多様化をひらく可能性に注目していきたい。

Withコロナの時代を考えるにあたって、コミュニティ活動がどのように変質するか或いは低下せざるを得ないのかを問うのではなく、コミュニティとしてこうした問題をどう受け止め、何ができるのかという問題として考えていきたい。コミュニティ防災、コミュニティ防疫、コミュニティ経済、コミュニティマネジメント等々の概念をバージョンアップしていけるような熟議の『場』が必要とされていると思うからである。コミュニティ自らが発想し、コミュニティの責任として実行していく意思がなければ、コミュニティ活動はいつまでたってもこれまで以上に再生することはないであろう。これらを現実のものにしていくことが、コミュニティ・デモクラシーの課題だと思うのである。

目次／熟議するコミュニティ

序として——人は話し合うことを求めている

1　熟議民主主義の視点からコミュニティ政策を考える

この本の中で、僕は熟議民主主義の視点からコミュニティ政策のあらたな可能性を提案してみたいと考えている。何故なら、これまでのコミュニティ政策をデモクラシーという視点から見直すことが必要だと考えたからだ。これまで何年かに渡り、まちづくりワークショップとミニ・パブリックスと呼ばれる熟議の場を企画運営した経験から、多くの人は見ず知らずの他者と話し合うことを求めていると確信するようになったというのがその理由である。

そのために人間本来の欲求とでも言えるものを上手く引き出すことができるように、親密圏と公共圏をつなぐ概念として、コミュニティ圏を措定し、そこに発生する熟議の『場』をコミュニティ・デモクラシーという概念とともに問題提起した。併せて話が抽象的になりすぎないように、具体的なコミュニティ政策の新しい可能性として、三つの取り組みを紹介した。

以下、各章におけるテーマについて要約しておこう。

第1章では、熟議民主主義における「ミクロ—マクロ媒介問題」の検討を通して、コミュニティ圏の熟議の可能性と課題を論じた。

第2章では、「共同主観性」という概念を手がかりに、コミュニティ・デモクラシーのあり方について問題提起した。

第3章では、コミュニティ圏にコミュニティ・デモクラシーを実現するために必要とされるコミュニティ・マネジメントについて論じた。

本書で扱う事例は、著者が直接関わった全国各地の事例から学んだことが基になっているが、主には三つの事例を舞台に展開した熟議民主主義について考察を進めている。以下にその事例の概要について紹介しておくこととしたい。

【事例1：愛知県西春日井郡豊山町】

①人口：一五、六八七人（二〇一八・三・一現在）

②面積：六・一八㎢

③熟議の経緯：豊山町は二〇〇八年の都市計画マスタープランづくりから住民参加のワークショップに取り組んでいる。二〇一一年以降の町民討議会議は二〇一七年の8「豊山町町民討議会議・シンポジウム」を除いてすべて無作為抽出による参加者の熟議の『場』である。毎回二、〇〇〇人に招

待状を送付しているので一五歳以上の町民は誰でも一度は招待状を受け取ったことがあると考えられる。

1　豊山町都市計画マスタープランづくりワークショップ
（第1回：二〇〇八・一一・三〇　第2回：二〇〇八・一二・一五　第3回：二〇〇九・一・二〇　第4回：二〇〇九・二・一〇　第5回：二〇〇九・一〇・一五）
2　豊山町総合計画マスタープランづくり中学生ワークショップ
（第1回：二〇〇九・一・二六　第2回：二〇〇九・三・一　第3回：二〇〇九・三・一三）
3　第1回協働のまちづくりを推進する町民討議会議（二〇一一・一〇・三〇、二〇一一・一一・六）
4　第2回協働のまちづくりを推進する町民討議会議（二〇一二・一〇・一四、二〇一二・一一・四）
5　第3回協働のまちづくりを推進する町民討議会議（二〇一三・九・二九、二〇一三・一〇・五）
6　第4回協働のまちづくりを推進する町民討議会議（二〇一四・八・二、二〇一四・八・三）
7　第5回協働のまちづくりを推進する町民討議会議（二〇一五・八・一、二〇一五・八・二）
8　豊山町町民討議会議・シンポジウム（二〇一七・一・二二）
9　住民協働による豊山町民討議会議「ヒコーキのまち　とよやま」（二〇一七・一一・一九）
10　町民討議会議―みんなで考えよう！豊山の未来―（二〇一八・一二・一、二〇一八・一二・二）
11　町民討議会議―みんなで考えよう！豊山の未来―（二〇一九・六・三〇、二〇一九・九・一六）

④成果と課題：
豊山町では、二〇〇八年の都市計画マスタープランづくりのワークショップ以降、一一年に渡り

ワークショップおよび町民討議会議による熟議の『場』が継続されている。とりわけ二〇一一年以降の町民討議会議はすべて無作為抽出による参加者であり、参加者の裾野が拡大してきている。二〇一七年以降は町民討議会議の中から生み出された「まちづくりサポーター」が町民討議会議を企画運営する体制となり、熟議の『場』の開催の継続性が確保されている。町民の中にコミュニティ・デモクラシーがどのように浸透し、行政、議会にどのような変化が生まれているのか検証することが課題として残されている。

【事例2：愛媛県伊予市】

①人口：三七、〇〇七人（二〇一九・八・三〇現在）

②面積：一九四・四四㎢

③熟議の経緯：二〇一四年～二〇一五年にかけて文化複合施設のワークショップを本格的に導入した。参加者構成は、公募方式で小学生も含め施設利用者を中心に声かけをして一〇回のワークショップを実施した。その後総合計画作成のためのワークショップを経て、総合計画作成後に無作為抽出方式による市民討議会を四年間実施した。

1　みんなでつくろう！伊予図書館、文化ホール、郡中地区公民館建設市民ワークショップ

（第1回：二〇一四・六・二二　第2回：二〇一四・七・一三　第3回：二〇一四・八・一〇　第4回：二〇一四・八・三一　第5回：二〇一四・九・二一　第6回：二〇一四・一〇・一九　第7回：二〇一四・一一・九　第8回：二〇一五・二・二二　第9回：二〇一五・三・二二　第10回：二〇一五・五・二四）

2　第2次総合計画キックオフシンポジウム

「伊予市の一〇年後の姿を考えよう！ワールド・カフェ」（二〇一四・一二・七）

3　第2次総合計画市民ワークショップ

（第1回：二〇一五・三・二一　第2回：二〇一五・五・一〇　第3回：二〇一五・六・一三）

4　第1回協働のまちづくりを実現する市民討議会（二〇一五・八・八）

5　第2回協働のまちづくりを実現する市民討議会（二〇一六・八・七）

6　住民参加型コミュニティ診断ワークショップ（二〇一六・一二・四―五：四地区）

7　第3回協働のまちづくりを実現する市民討議会（二〇一七・八・二〇）

8　第4回協働のまちづくりを実現する市民討議会（二〇一八・八・二六）

9　第5回協働のまちづくりを実現する市民討議会（二〇二〇・九・二七）

④成果と課題：

伊予市では、これまでにも県や市民活動団体が主催する様々なワークショップの経験があったが、合併以降の熟議の『場』としては、二〇一四年に文化複合施設の計画づくりをテーマとした本格的な市民参加のワークショップが実施された。二〇一五年以降、総合計画の周知と見直しを目的とした無作為抽出方式の市民討議会を豊山町と同様一日開催ではあるが、二〇一八年まで二〇一九年を除いて五回継続実施した。伊予市の場合は、現役議員と行政職員を無作為抽出対象者から除外していないという特殊な事例であり、ミニ・パブリックスの成果が議会と行政にどのように影響を与えうるのか、豊山町とは異なる視点からの検証が待たれる。尚、第2章で紹介したコミュニティ診断ワークショップの事例は、伊予市内の四地区で実施したデータを基に検証した内容である。

【事例3：世田谷区・玉川まちづくりハウスの活動】

①人口：一七、四〇三人（二〇一九・八・一：九品仏まちづくりセンター地域）
②面積：一・二四五㎢
③活動の経緯：玉川まちづくりハウスは、一九九一年に世田谷区の玉川地域を対象として活動を開始したまちづくりNPO組織である。主な活動は九品仏まちづくりセンター地域を舞台に展開しており、「コミュニティをめぐる熟議（第3章）」をテーマにした活動を三〇年近く継続してきた。「熟議システム（第3章）」の形成という視点から玉川まちづくりハウスの活動の意味を再検証した。

1　世田谷区公園コンペ入賞（一九九一）
2　コミュニティガーデン活動（一九九二〜一九九六）
3　ねこじゃらし公園WSと運営参加（一九九四〜）
4　ハウスニュース「みんなでホイッ！」の発行（一九九五〜）
5　お試しデイケアからクラシック音楽を楽しむ会へ（一九九九〜二〇一三）
6　地域の福祉を考える楽多の会の運営支援（二〇〇〇〜）
7　玉川田園調布住環境協議会の運営支援（二〇〇〇〜）
8　地域通貨DEN運営委員会（二〇〇〇〜二〇一三）

9　「読書空間みかも」の運営参加（二〇〇七～二〇一七）
10　玉川まちフェスタの開催（二〇〇四～）
11　玉川田園調布防犯パトロール隊事務局（二〇〇四～）
12　地域活動団体の報告会の開催（二〇〇六）
13　緑のコモンズ活動—ケヤキの保存—（二〇〇七）
14　宮本三郎記念美術館と地域の会発足と参加（二〇〇八～）
15　園田高弘邸の継承と活用を考える会発足と参加（二〇〇八～）
16　プレイリヤカー事業の実施（二〇〇九～）
17　「わたしのまち魅力発見マガジン」の発行（二〇一一～）
18　綯わないワークショップの実施（二〇一二）
19　九品仏アートフェスタの開催（二〇一三～）
20　お隣さまお茶会の開催（二〇一四～）
21　子育てシンポジウムの開催支援（二〇一五～）
22　認知症を考える講座の開催（二〇一七～）
23　三軒からはじまるガーデニング活動（二〇一七～）
24　ここからカフェ自由が丘の運営支援（二〇一八～）
25　「駅ピアノ」プロジェクトの提案（二〇一八～）
26　「男性高齢者サロン」の開催（二〇二〇～）

④成果と課題：

第3章で論じたように熟議の『場』をワークショップや無作為抽出による市民討議会の熟議に限定して考えてしまうと、コミュニティ・デモクラシーを実現する上ではどこか不十分である。コミュニティをマネジメントするという視点から多様な熟議の『場』を絶えず生み出し続ける活動として玉川まちづくりハウスの三〇年に及ぶ活動を熟議システムとして捉え直した。

しかし、地域の中ではある程度認知されつつあるものの、以前として世田谷区の行政の仕組みの中ではコミュニティコーディネーターとして正当に位置付けられないという課題を残している。

2 熟議民主主義とミニ・パブリックス

まずは、最近になって関心が広がっている熟議民主主義について考えてみたい。この本で扱っているミニ・パブリックスとは、熟議民主主義を具体的に進めるために開催される公共の議論の場のことである。より狭義には、無作為抽出によって多様な意見を持つ市民を集めた討議空間のことである。一九九〇年代から熟議民主主義に対する関心が世界的に高まってきている。日本ではこの時代に、まちづくりワークショップを通して、参加民主主義がまちづくり分野を中心に全国的に広がっていったが、熟議民主主義を支えるミニ・パブリックスという考え方に参加のまちづくりが出会うのは二〇〇〇年代に入ってからのことである。日本におけるミニ・パブリックスという言葉は、市民討議会と呼ばれるワークショップ形式の話し合いの場が、東京青年会議所のメンバーを中心とする社会運動的な取り組みによって全国に普及したことで、この一〇年程の間に急速に知られるようになったと言われている。[1]

まちづくりワークショップとミニ・パブリックスの一番大きな違いは、参加者の構成にあると思われる。まちづくりワークショップでは、当事者あるいは利害関係者を中心に参加者が構成されるが、これに対してミニ・パブリックスの熟議の場は、直接の当事者ではなく、より多様な意見を持つ一般の市民によって構成される。当事者が問題提起し、対立点が明らかになった時、誰がどのように決定するのが正当かという問題を前にして、注目されてきたのが熟議民主主義である。行政や議会、首長が一方的に決めるのではなく、多数決で決めるのでもなく、直接利害関係を持たない市民の熟議によって、その場の結論を共有していくプロセスこそが熟議民主主義の目指すところなのだろうと思う。

確かに一九九〇年以前と現在を比較してみると、日本中で会議の形式が大きく変わったことに驚かされる。今ではグループディスカッション形式の会議は、ごく普通の形としてどこの自治体でも受け入れられるようになった。さて、改めて問うてみよう。人は本当に熟議の『場』を求めているのだろうか。ファシリテーターとして、これまでに経験したいくつかの具体事例を通して学んだことを基に、この問いについて考えてみたい。

3　熟議の『場』は、なぜ楽しいのか？

二〇一七年八月、総合計画の周知と実現方策をテーマとした伊予市市民討議会が実施された。策定の年の開催を含めて三回目(年一回)となる。[2]一日開催ではあったが、全く見ず知らずの人たちが六時間近く丸一日、市の総合計画をテーマに話し合うのである。年代を越え男女の違いも気にせず楽しそうに議論する。それだけで僕は奇跡を見ているような思いを抱くこともたびたびである。

伊予市の人口は、三七、〇〇〇人、一五才以上の二、〇〇〇人を無作為抽出し、今回は四九名が一〇グループに分かれての市民討議会となった。一〇代の参加者二名、女性の比率は三割程度である。グループの発表は、一〇グループで六〇分に及んだが、最後まで集中力を途切れさせることなく進行することができた。一年ほど前に伊予市に移住してきた方の、移住対策に関するリアリティのある政策提言に、多くの人の共感が集まったことが印象に残った。四九名という参加者の構成には、多様性が確保され公共圏としての熟議の『場』が上手く成立していたといえるだろう。

驚いたのは、最後に行った「その場アンケート」の結果である。参加者四九人の内四四人が「参加して楽しかった」と答えたのであった。この数字の意味は、現場に居合わせた人にしかわからないのではないかといつもながら思う。見知らぬ他者と話すことが本当に楽しいという事実を信じることができる人は、思いの外少ないのではないだろうか。毎回感じることではあるが、見知らぬ他人と六時間に及ぶ熟議の時間が楽しいと参加者が答える意味についてもっと考えるべきだと思う。僕にとってはこうした経験が、熟議民主主義を支持する根拠の一つとなっている。

参加したほとんどの人が充実した思いで討議を終え、無作為抽出で再び当たった場合の市民討議会へのリピート率も高い現実を考えれば、この奇跡のような時間が幻想ではないことは明らかだ。そこには人間としての幸せを感じることができる時間と場が確かにあるのだ。ファシリテーターとして市民討議会を見ていると、人の話を聞くことに人間は幸せを感じるようにできているとつくづく思う。

「まずは、知らない人と話すということ」

「自分とは違う意見に耳を傾けるということ」
「自分のこと以外の人のことを考えて発言するということ」
「個人を越えた公共ということを感じること」
「自分は決して一人ではないと感じること」

僕たちは、これらすべてのことを普段あまり感じることができないまま日常を暮らしているということかもしれない。市民討議会では、そこで何かが決まったというような目に見える成果は少ないかもしれない。しかし、話し合うことから生まれる信頼感、安心感、満足感のようなものが会場に満たされていることを参加者は感じている。楽しいと感じる理由は、他者の多様な意見を聞く楽しさと、自分自身が見知らぬ人の前で様々なしがらみをまとうことなく、対等な個人として現れることができる体験の楽しさだと考えられる。人はどうして知らない人の前であんなに一生懸命しゃべるのだろうか、不思議なほどだ。他者に自分の話を聞いてもらうことの楽しさ、他者の話を聞くことの楽しさ……。

この体験が「非人称の信頼関係」を生み出し、人間としての根源的な満足感、ここでいう「楽しさ」という言葉で表現されるなにものかを参加者に感じさせているのだと思う。これは、あくまでも参加者が相互に生み出したものであり、特定の個人に還元できない参加者の「間」に生まれるなにものかである。

4　楽しさを越える熟議の『場』の意味

一方で、数あるワークショップの経験の中にはこんなこともあった。ある町で市庁舎の建て替えのためのワークショップを実施したときのことである。そこには、市の職員にとってはクレーマーとして恐れられるKさんという年配の方が参加していた。最初のワークショップでは、アルコールも入っていたのか、隣に寄り添った市の職員と口論となり、少し驚かされる場面もあった。三回目のワークショップ終了後の事だったか、何か話したそうに駐車場からなかなか立ち去ろうとしないKさんの姿が頭の片隅に残っている。彼は適当にあしらわれるのではなく、真剣に何かを私たちに伝えたかったのではないかと思う。第四回ワークショップにKさんは現れなかった。誰かから体の具合が悪いと後になって聞いた。第五回も欠席かと思って心配していたところ、開催時間ぎりぎりになって彼は現れた。明らかに普通ではない顔色とうつろなまなざし、ふらつく足どりで席に着くなり机に頭をぶつけそうに突っ伏した。ふと見ると腕には点滴の針が刺さったままである。ワークショップに参加するために病院を抜け出してきたことは容易に想像できた。すぐに救急車を呼んでもおかしくないような状態である。話し合いの時間になると、だいぶ体調を取り戻したようだったが、傍目には明らかに辛そうな様子が伝わってきた。途中から地元の設計事務所の担当者が隣に座り、マンツーマンで終わりまで話を聞く役割を担ってくれた。ワークショップが終わって、寄り添った彼から、Kさんが「話を聞いてくれて、ありがとう」とつぶやいたと聞いた時には、何とも言えない思いが頭の中を駆け巡った。

以前にも同じような経験をしたことが思い出される。名古屋のある医療生活協同組合で行われた緩和医療病棟を計画するワークショップに、余命幾ばくかの癌患者さんが参加してくれたのである。会場は当時の病院の外来待合スペースを利用し、ブルーシートを敷き詰めた上に車座になってワークショップはスタートした。参加者は、ドクターや看護士、事務職員に加えて、ガン患者の会の組合員の方たち、さらに余命宣告を受けた入院患者さんにも声掛けし、加わってもらうことになったのである。プログラムを作成するための打ち合わせを終えた時、患者さんに参加をお誘いすることについて再度確認すると、「三時間のワークショップに参加すれば、患者さんの寿命は確実に短くなるでしょうね」とドクターは冷静に答えた。一瞬どう返事をすればよいかわからず、「参加して頂く甲斐のある内容にしましょう」と言うのが精一杯だった。当日は、それでも二〜三名ほどのガン患者さんに参加して頂くことができた。中には点滴を打ちながらの参加者もいて、少なからず驚いたことを覚えている。

これらの事例に共通するのは、明らかに自身が生きている間には完成しない建物の計画を話し合うのに、なぜ自らの命を削ってまで参加するのか、という疑問である。人間には、見ず知らずの他者と話し合いたいという根源的な欲求があるのではないか。或いは、明日のことを考えるということが、今日を生きる力を与えてくれるということなのだろうか。人は他者と話し合うことを生きるための欲求として心の奥底に秘めているということを教えてくれた貴重な体験であった。

しかし、これは人が親密圏で求める触れ合いとは異なる欲求のような気がする。見知らぬ他者とのコミュニケーションが、残された生にとってかけがえのない大切な時間だということなのだろう。クレーマー扱いされても尚、利害を度外視して参加するKさんのあの真剣さをどう考えればよいのだろうか。近い将来できるであろう公的な空間（市庁舎）に対する期待と責任感、自身の生きてきた証としての社会との関係の確認……。いろんなことを想像することはできるが、ワークショップの場に万難を排して参加したいという欲求とは、本当のところ何なんだろうか。単に楽しいというようなことでは説明しきれないなにものかが、熟議の『場』にはあるのだと改めて思う。

熟議の場に参加しない人が大勢いる一方で、命をかけてまで参加する人がいるのはなぜなのだろうか。Kさんは、なぜワークショップに参加したのか。家族のような親密圏に属する人に自分の思いを聞いてもらいたいのではなく、行政職員や見知らぬ他者に対して、公共圏と言えるような場で自身の意見を発言したいという欲求が、ワークショップへの主要な参加動機だと考えるべきだろうと思う。しかし、ただ話すことができればそれでいいのだろうか。熟議の『場』で眼前の他者と話をし、さらに見知らぬ他者に広がっていくことをイメージできることが必要なのだと思う。確かに行政の担当者に伝えることは、発言が公共の場に広がる一つの方法ではある。話し合いの記録が文書となって多くの人に配布されるということも一つの方法だろう。他者に伝える前に、Kさん自身に書き言葉となったまとめが返されるということも、きっと意味あることに違いない。Kさん自身が納得するためには、話し言葉の書き言葉への変換が欠かせないプロセスだと思うのである。

5　親密圏と公共圏

社会学の分野では、親密圏と公共圏という考え方があるが、ミニ・パブリックスの場は、一般的には公共圏と呼ばれる討議空間だと考えられている。親密圏というのは、典型的には家族のような親密な人間関係集団のことであるが、市民社会のような見ず知らずの人との関係、すなわち公共圏に対する概念として使われる。

齋藤純一の親密圏の定義を改めて見てみると、「親密圏は、さしあたり、具体的な他者の生への配慮／関心を媒介とするある程度持続的な関係性」[3]と記されている。ここでは、親密な他者という存在、応答する他者、自らに配慮や関心を寄せてくれる他者の存在が親密圏の他者として重要な概念となっている。親密圏の特徴として言われていることを列挙すれば、依存性、被縛性、受動性・受容性、非対称的関係性、非自発的なアソシエーション、非公開性、非制度性、不平等性等のキーワードを拾うことができる。齋藤が指摘しているように、近年、家族とは異なる親密圏の新しい諸形態がつくりだされつつあるという認識が広がっている。コミュニティを親密圏と公共圏との関係で捉えると、コミュニティに求められているのは、親密圏の劣化に対応して家族の他に「親密な他者」をつくりだすことであり、一方で公共圏の非政治化に対抗するために、熟議の場をコミュニティの中に生み出すことだろう。これがコミュニティが親密圏と公共圏の間にあって必要とされる意味であると考えることができる。

親密圏は、「具体的な他者の生への配慮／関心を媒介とする現れの空間」であるといわれる、一方公共圏は、「功利主義的な基準が失効する見知らぬ複数の他者が存在する現れの空間」と指摘されている。コミュニティが親密圏と公共圏を媒介する中間的な存在であると仮定すると、コミュニティはその両方の可能性を潜在させている場であると考えることができる。齋藤はその著書の中で、「親密圏は公共圏と同じように、人びとの『間』に成立する関係性であり、そこに生じる価値の葛藤やディレンマそのものを排するものではない」と親密圏と公共圏の同質性について指摘している。コミュニティについても同様であると考えるべきであろう。親密圏も公共圏もコミュニティも異種混合の集合体なのである。

6　コミュニティ圏の提案

ここで提起したいのは、親密圏と公共圏の境界をなくすという考え方[4]ではなく、親密圏と公共圏とをつなぐコミュニティの圏域を措定するという考え方である。コミュニティ圏の特徴を親密圏と公共圏との比較で整理してみると、コミュニティ圏は公共圏と親密圏の性質の一部を併せ持つ圏域として考えられる。このようにコミュニティ圏を考えると、コミュニティには協働の主体となることが期待されていることとは別に、新たな親密圏を生み出す役割が求められていることに思い至る。最近あちらこちらで見られるようになったコミュニティの居場所づくりは、こうしたコミュニティに対する考え方を想定することによって理解することができるのではないか。福祉コミュニティの考え方もこうした文脈の中に位置付けるべきことのように思う。家族としての親密圏が崩壊していく現代において、家族に替わる親密圏を創出するコミュニティ圏の役割が重要となっているのである。一方で、コミュニティ圏を公共圏との関係で考えてみると、コミュニティ圏の中に熟議の場を作り出すことによって、人々を公共圏の熟議へと媒介することが期待される。コミュニティ圏には、親密圏と公共圏の双方を再生することが求められているように思うのである。

注

1　篠藤明徳・吉田純夫・小針憲著『自治を拓く市民討議会 ―広がる参画・事例と方法―』自治体議会政策学会叢書／Copa Books、二〇〇九年。

2　科研費研究：平成二七年度～平成二八年度挑戦的萌芽研究「無作為抽出と熟議との反復が市民のまちづくり参加への意識と行動に及ぼす効果の研究」。科研費研究：平成二九年～平成三一年度基盤研究(C)「熟議システムにおけるミニ・パブリックス型熟議の継続が自治体に及ぼす影響の実証研究」の一環として実施された。

3　齋藤純一『政治と複数性―民主的な公共性に向けて―』岩波書店、二〇〇八年。

4　田村哲樹『熟議民主主義の困難』ナカニシヤ出版、二〇一七年。

1 熟議民主主義におけるミクロ―マクロ媒介問題

1 ミクロ―マクロ媒介問題とは何か

政治学の中の民主主義論を扱う分野で、「ミクロ―マクロ媒介問題」と呼ばれる興味深い議論がある。個人レベルの意見から集合的レベルの判断をどのようにして作り出していくことができるかという問題である。その部分を媒介するものは何か。この問題の重要性は再帰性の増大する現代社会においてますます高まっているというのがこの章の論点である。

ミクロ―マクロ媒介問題には二つの側面があるように思われる。一つは個人と熟議参加者間の媒介問題である。熟議民主主義論の規範的アプローチでは、個人的・個別的次元と集合的次元を媒介するのは、個人の意見の変化を引き起こすような熟議の中で生まれる公共精神だといわれている。[1] このことは市民討議会やワークショップの中で得ることができる経験とある程度符合している。熟議に参加している人々の集合的次元までの媒介問題は、ミニ・パブリックスの技術的な課題として明らかになりつつある。

二つ目の問題は、熟議の結果の正統化の問題にあるように思う。熟議に参加していない人を含めた意思決定にどのように熟議の結果を結びつけていくことができるかという媒介問題である。この部分の手続きが明確でないことが日本における熟議民主主義の当面の課題であろう。実際の現場では、この部分は行政職員の判断にまかされ、行政組織の中でブラックボックス化していることが多い。政治的な争点になればなるほどこうした傾向は強まると考えられる。ミニ・パブリックスの実施を制度的に位置づけることにより、この部分のミクロ―マクロ媒介問題をある程度乗り越えることは可能かもしれない。しかし、現状では熟議体験の中で、行政職員自身が意識変容していくことに期待するしかないのが現実である。

この制度的問題に対して、五年間(二〇一一~二〇一五年)豊山町で提案し試みてきたのは、第一に決定範囲(マクロ)をできるだけ小さく設定することと、第二にミニ・パブリックスとして実施した町民討議会議を継続的に繰り返し実施する(毎年一回五年間)ということであった。このことで二つ目のミクロ―マクロ媒介問題解決の可能性を探ろうとしたのである。[2] 豊山町で今後検証すべき課題は、町民討議会議の熟議の結果に対して、非参加者がどの程度「信頼」を感じることができるかを検証することである。この結果が明らかになれば、コミュニティ圏域におけるミニ・パブリックスの継続的な開催を制度化する根拠になるはずである。

2 熟議民主主義の包括性について

政治学の分野でも経験的・実証的アプローチを指向する陣営から「熟議の効用」[3]という言葉でミニ・パブリッ

クスのミクロ―マクロ媒介問題に関わる疑問が提起されている。

第一の問題として、「その代表性の低さである。無作為抽出に基づいたミニ・パブリックスは、自発性に基づいた参加者選出ルールよりは代表性が担保されているものの、参加率が一〇％を下回る状況では、自己選出の歪みに基づく参加者の属性の偏りは不可避であろう。そのような代表性の低い参加者が、さらに一〇人前後の小グループで議論をすると、その熟議空間は非参加者にとって閉鎖的で自らに無関係なものと見なされるおそれがある」という指摘である。

第二の問題としては、「熟議空間で導き出される『結論』の正統性の問題があげられる。熟議民主主義論者は、ミニ・パブリックスによって得られた意見を公共政策形成過程に何らかの形で反映することを構想するが、『代表』として人々が選んだわけではない参加者による議論に、人々は正統性をどの程度認めるのかという問題は残る。しかし、ミニ・パブリックスにおける結論をそのまま公共政策へとつなごうとするのではなく、間接的ではあるかもしれないが、世論に接続することで正統性の問題を回避しうると考えられる」という指摘である。第一の指摘は、熟議民主主義の包括性に通ずる指摘であり、第二の指摘は、ミニ・パブリックスの正統性に対する指摘である。この二つの問題については、この後、ミクロ―マクロ媒介問題として詳細に検討していくつもりである。

さて、田村哲樹は東浩紀が「一般意志2・0」[4]の中で提案している「民主主義2・0」について包括性という視点から検討している。[5]東の熟議民主主義に対する批判は、熟議に参加する市民は政治エリートであり、より多くの市民の声は熟議の場には現れてこないというものである。ツイッターのつぶやきのようなビッグデータとして無意識が可視化されたものを「一般意志2・0」として捉え、政治エリートによる意思決定の場を制御する方法を「民主主義2・0」として提案しているのである。ここでは、民主主義に対する評価の重要な要素であるとされる参加者の「包括性」について考えてみたい。

ワークショップのような公募によって自由に市民が参加できる熟議の場が一般化する以前は、アンケートなどの「生の世論」を別にすれば審議会や各種委員会の場などで市民の声が集約されていた。こうした場に参加していた対象市民は、現場感覚でいうと、およそ全体の一〇％程度の市民に限られていたのではなかっただろうか。公募方式のワークショップによって参加対象者は、三〇％程度には拡大したように思う。さらに最近増えてきた無作為抽出によるミニ・パブリックスによって参加対象市民は、五〇％程度にまで広がってきたように感じている。理想的に民主主義を考えるならば、参加対象者を一〇〇％にまで高めることが望ましいのだろうが、現実的に考えれば難しいといわざるを得ない。そこで、残りの五〇％の市民に対して包括性を高めるためにどのような手立てがあるかを考えてみたい。

参加対象者を三層構造に整理して検討してみよう。

第一層は、何らかの機会があれば参加してみてもよいと考えている層

第二層は、関心がないわけではないが、時間的・経済的に参加したくてもできない層

第三層は、関心がなく参加しない層

第一層目に対しては、熟議の場の多層化によって参加の機会を様々に用意することが有効である。第二層目までの市民に対しては、民主主義的権威（信頼）による「判断の限定的停止」の正当化が包括性を高める一つの考え方である。具体的には、固定的な争点に対しては参加しなくても決定を委ねることができるような信頼関係をミニ・パブリックスによって育てることを考え試みている。（愛知県豊山町の事例）さて、問題は第三層目に

対する対応策である。東は、「一般意志2・0」の中で無意識の可視化の事例として、興味深いことにC・アレグザンダーの方法論[6]に触れている。ビッグデータを地図の上に可視化して議論の材料とするという方法である。確かにワークショップのプログラムを工夫することで、参加者が参加していない人のことを考えて話し合うことは十分可能である。加えて第三層を含めた無意識的データが提供されるならば、「民主主義2・0」に近い熟議は可能である。

ところで、東の熟議の場の参加者に対するイメージは、現実にワークショップに参加してくる参加者像とはかなりズレているように思う。「はじめに」で紹介した命をかけたワークショップ参加のように、実際、現実の熟議の場はいわゆる政治エリートだけで構成されているわけではない。その上で、無意識を可視化したような情報を提供することにより、そこに参加していない人のことを想定して熟議を行うならば、東の言う「一般意志2・0」を熟議の場に接続することは現実に可能ではないだろうか。熟議民主主義は「民主主義2・0」と同じ程度の包括性を実現することができるのである。東は、政治エリートによる熟議を「一般意志2・0（市民の集合的無意識）」によって制御するという言い方で「組織化された公共圏」と「一般意志2・0」を直接接続するイメージを提出している。それに対して田村は、東の提案は従来の民主主義とそれほど変わらない可能性があると指摘している。熟議の場に「一般意志2・0」を接続するためのさらなる具体的な工夫が求められているのである。

田中らは、熟議の結果を世論に接続することで正統性を確保することを提案している。一方、東は、大衆の無意識である「一般意志2・0」を熟議の場に接続することを提案しているのである。田村は、熟議の場を熟議システムという形で拡大し包括性を高める可能性を示唆している。この問題に対する僕の提案をこの後述べてみたい。

3　行政の執行権に介入するミニ・パブリックス

ミニ・パブリックスのような討議空間では、正統な合意形成による意思決定が包括性という点から難しいという指摘は事実である。しかし、参加の対象を立法権と行政の執行権に分けて考えてみると、これまで日本で行われてきたワークショップの討議が、行政の意思決定に少なからぬ影響を与えてきたことは明らかである。

政治哲学者の國分功一郎[7]は、「近代政治哲学―自然・主権・行政」の中で、主権の意味について問うている。近代の民主主義国家の主権とは、立法権における主権のことを指しており、これが議会制民主主義という制度によって国民に与えられている主権であるとし、行政の執行権の肥大化によって立法権における主権が形骸化していることを問題視しているのである。この考えに基づいて、ここではミニ・パブリックスの有効性について考えてみたい。國分は、「主権はいかにして行政と関わりうるか、主権はいかにして執行権力をコントロールできるか、これが考察されねばならない」と問題提起している。そうでなければ「国民主権」は絵に描いた餅になってしまうと警告しているのである。実際、行政の執行権は個々の問題の具体的対応の場面で大きな裁量を持ち、住民主権の本来の趣旨は行政の前では曖昧である。改めて考えてみると、この行政の執行権に対して、多くの住民参加の実践が積み重ねられてきたように思う。この視点から考えれば、ミニ・パブリックスと議会の関係も上手く整理できそうである。市民討議会をはじめとするワークショップ型の熟議民主主義の参加手法を、行政の執行権をコントロールする一つの手段であると位置付けてみるのである。

従来行われてきたまちづくりワークショップの場合、多くは行政が主催者となり実施されてきた。当然のことながら議会の権限に関わることについては、議論することは可能であるとしてもその場で決定することはできない。しかし行政が主催していることを考えれば、話し合いの結果が行政の執行権に関することに対して、何らかの影響を与えうると考えることはおかしなことではない。その上で、執行権への介入の正統性をどのように考えるかという問題が残る。

ワークショップが、検討テーマとなっている課題の利害関係者を対象として開催され、参加の機会がすべての関係者に対して開かれているならば、ワークショップの議論の内容はある程度の正統性を持つと言えるだろう。これに対して、より多様な市民的立場からの熟議を期待して、ミニ・パブリックスは無作為抽出により参加者の掘り起こしを試みてきている。それでも尚、参加者の年代的な偏りは残る。参加人数から見た正統性はどうだろうか。数十人の参加者による熟議が、多くの市民を代表する意見形成を生み出しているかという先程の批判である。こうした批判は、議会制民主主義との関係において指摘されることが多い。ミニ・パブリックスの場合、参加者に代表性はないものの参加者の多様な意見形成が行われ、熟議プロセスの中で多くの場合、参加者個人の意見変容も発生する。このプロセスの共有体験は、行政担当者個人の意見変容につながることも少なくない。熟議の場で形成された合意内容の実現が担保されているわけではないものの、意見形成の内容が現実的な影響力を持つという意味で、執行権に対する介入の可能性はある。

正統性に対する逆の指摘としては、行政が行うワークショップに対して、単なるガス抜きではないかという批判もある。こうした批判は、熟議の場の参加者から発せられることが多く、ワークショップをしても何も変わらないという不満が背景にあると考えられる。そうは言ってもはじめからワークショップによって決定できることには限界があり、実際には、議論は行政判断の余地のあるグレーゾーンをめぐって行われることになる。しかし、主催が行政である限り結果を無視することはできない事も事実である。結果に対して何らかの応答をすることは求められるのである。できない理由を説明することは最低限の行政側の責務だと考えられる。

一方で、行政の執行権の実現には、行政の組織の中の合意を図ることが必要となる。この場合、組織内合意を形成するために担当者の背中を押す役割を、ワークショップの熟議や合意内容が果たす点も見逃すことは出来ない。自治基本条例の素案を作成するワークショップが近年各地で行われているが、条例の制定は立法権に直接関わるテーマであり、議会との関係が問題になることも少なくない。議会の権限を侵すことについて、議員はセンシティブであり、行政関係者も触れたがらないことが多い。こうしたテーマに対しては、主催者が誰であるかが重要な問題となってくる。

結論的に言えば、行政によるミニ・パブリックスの実施は、執行権に影響を与える有効な武器であると考えることができる。外部からではなく、組織の内部から変化をもたらすような効果を期待することができる点が重要であるように思う。そのためには、誠実な熟議のプロセスが必要となる。単なる合意形成の結果ではなく、そこに至る意見形成のプロセスが重要なのだ。

4　豊山町における社会実験の意味

(1)ミクローマクロ媒介問題解決への一つのアプローチ

市民社会は、独立した個人の集合体であると言われる。[8] この市民社会における集団と個人の関係を再構築することに現代社会の大きな課題があるといってよい。熟議民主主義実現の課題もこの点にある。コミュニティは市民社会と個人の中間領域にあり、両者を媒介する役割を担う可能性のある重要な概念である。

社会と個人の二つを架橋するコミュニティを形成するための実践的なアプローチとして、「コミュニティ圏を対象とした市民討議会の継続開催」を実施してきた。この実践がもたらすであろう最終的な目的は、コミュニティ・デモクラシーに基づくコミュニティ・マネジメントの実現である。コミュニティに対する期待は、共助のための装置として、あるいは行政と協働する公共サービスの提供装置として、過剰と言えるほどの高まりを見せている。コミュニティ・マネジメントに対する政策的な関心は拡大するばかりだが、コミュニティ・デモクラシーを実現する具体的な方法論は置き去りにされているのではないだろうか。こうした問題関心からも豊山町の町民討議会議を位置付けることができる。（ここでは、豊山町において実施した市民討議会を町民討議会議と呼んでいる。）

⑵豊山町町民討議会議の五年間

ミニ・パブリックスは、より多様な市民による意見形成をするための熟議民主主義の手法である。その中の一つである市民討議会は、無作為抽出（クジ）による参加手法として近年注目を集めている。豊山町における町民討議会議は、コミュニティ圏（中学校区程度）における市民討議会の継続開催によって、多様な町民の意見形成に加えて、コミュニティ・デモクラシーの実現を目的とした社会実験として二〇一一年より取り組まれてきた。[9]

愛知県豊山町は、南は名古屋市北区、東は春日井市、北は小牧市、西は北名古屋市にそれぞれ隣接しており、南北約三・二㎞、東西約二・七㎞、総面積は六・一九㎢のコンパクトな自治体である。総人口は、一五、六八七人あまり（二〇一八年三月一日現在）、小学校が三つと中学校が一つというコミュニティがそのまま自治体となったような小規模自治体である。

豊山町にとっての町民討議会議開催の目的は以下の三点に要約することができる。

①協働のまちづくりに対する意識向上の機会とすること

②潜在化している活動市民を発掘し、多様な町民の町政に対する参加意識を高めること

③総合計画の見直しに向けて、幅広い町民の意見を五年間(二〇一一〜二〇一五年)にわたり蓄積すること

一方、研究的なねらいとしては、小規模自治体におけるミニ・パブリックスの概念に基づく無作為抽出市民による市民参加方式「市民討議会」の継続的開催が、これまでは困難とされてきた民主主義のトリレンマ三原則[10](「熟議」、「政治的平等」、「大衆の政治参加」)の全てを満たしうる可能性を理論的に指摘するだけでなく、実際の事例で実証することにあった(**図1**)。

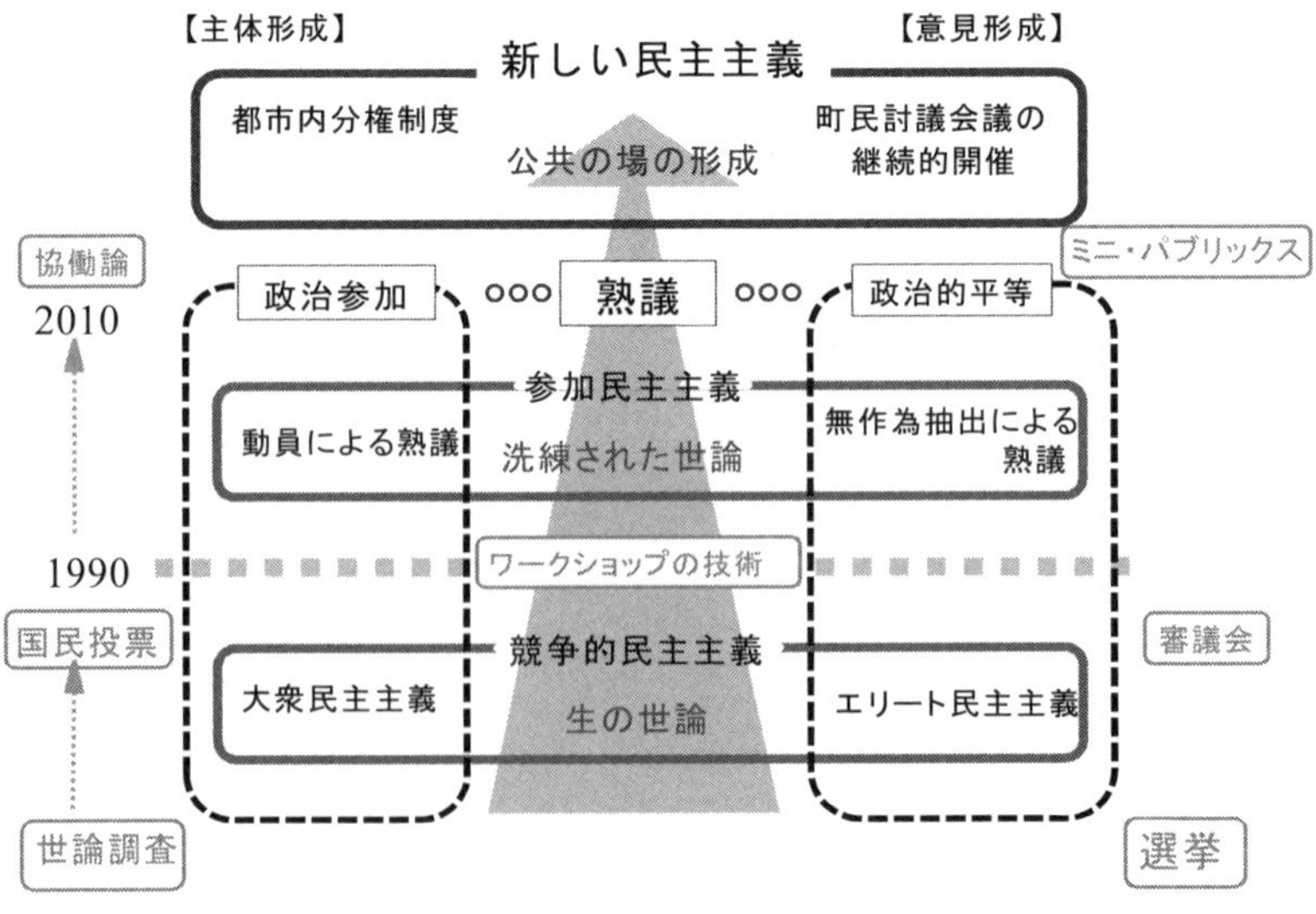

図1　参加民主主義の発展と民主主義のトリレンマ

表１　豊山町町民討議会議の全体構成

年度	日程	参加者数	テーマ
第１回 (2011)	10月30日(日) 11月6日(日)	41名	・重点戦略の中で、住民の理解と協力が必要なもの ・総合計画の中の重点事業以外の重要な事業を提案
第２回 (2012)	10月14日(日) 11月4日(日)	30名	・地域公共交通を考える ・豊山町の防災問題を考える
第３回 (2013)	9月29日(日) 10月5日(土)	42名	・豊山町の防犯を考える ・地域のリーダーを考える
第４回 (2014)	8月2日(土) 8月3日(日)	41名	・豊山町の総合計画の見直しの論点整理 ・後期基本計画に盛り込む内容の検討
第５回 (2015)	8月1日(土) 8月2日(日)	46名	全体テーマ：地域で子どもを活き活きと育てられるまち ・豊山町の魅力発信・PR戦略について考える ・総合戦略のアクションプランを考える

※１：開催時間は毎回午前10時〜午後4時30分
※２：「参加者数」欄は２日間通して参加した人の人数
※３：2012年度は、当初予定の第１日目（9月30日）が台風の影響で開催できなかったため、10月14日の会議の際に複数の候補日を挙げて参加者の都合を尋ねた上で11月4日に決定して実施した。参加者の都合も考慮したとはいえ、急な日程の追加のため、参加できない人も多かった。

五年間の豊山町町民討議会議の全体構成を**表１**に整理する。町民討議会議は二〇一一年に第一回が開催され、その後毎年二日間ずつ二〇一五年まで五年間にわたり継続的に実施されてきた。町民討議会議の開催に当たっては、住民基本台帳を基に毎年二、〇〇〇名（三回目までは一八歳以上、四回目以降は一五歳以上）を無作為抽出し、町長名で招待状を直接本人に送付した。応募者が五〇名を超えた場合は抽選によって参加者を選択し、実際には毎回四〇名ほどの参加を得ている。

(3)ミクロ―マクロ媒介問題の視点から町民討議会議を分析する

町民討議会議全体の討議プロセスの中から以下の四つの視点に着目し、典型的ないくつかの討議プロセスの討議内容について分析した[11]。

①多段階意見形成プロセスによる合意形成効果

ここでいう多段階意見形成プロセスの意味は、個人による選択とグループ内の熟議の結果としての選択、その結果を考慮して個人で選び直した選択の多段階的な組み合わせによる全体の意見形成プロセスのことである。

②グループ構成メンバー交換システムによる意見変容効果

グループ構成メンバー交換システムと名付けたのは、具体的にはグループメンバーの席替えのことである。くじ引きによる場合と参加者それぞれの自由な移動の場合がある。（市民討議会の場合はくじ引きが原則、ワールド・カフェ方式の場合は自由に移動）

③公共性の再発見による意見変容効果

当初の自分自身のことを中心に考えた選択に対して、意識的に自分以外の立場を考慮に入れて修正された選択結果のこと。

④物語性の導入による意見変容効果

理性的な理由や根拠を基にした熟議結果に対して、レトリックやメタファー、ロールプレイ、映像イメージ、物語性を導入したコミュニケーションプログラムによって引き出される意見形成のこと。

先に指摘したミクロ―マクロ媒介問題の第一の問題、熟議に参加している人々の集合的次元までの媒介問題は、ここで整理した四つの視点の検証から明らかになったように、討議プロセスの設定の仕方によってどのような媒介効果が得られるか、事例を通してある程度明らかにすることができることがわかった。

二つ目の問題は、熟議の結果の正統性の問題である。熟議に参加していない人を含めた意思決定にどのように熟議の結果を結びつけていくことができるかというミクロ―マクロ媒介問題である。これについては、ミニ・パブリックス手法の実施を制度化することを示唆したわけだが、この制度化問題の根拠を得るために五年間豊山町で提案し試みてきたのは、第一に討議対象者の範囲（マクロ）をできるだけ小さく（ここでは中学校区程度の広がり）設定することと、第二にミニ・パブリックスとして開催した町民討議会議を継続的に繰り返し実施する（毎年一回五年間）という提案の検証であった。この方法によって二つ目のミクロ―マクロ媒介問題解決の可能性を示そうとしたのである。実際、第五回目の町民討議会議参加者に対するヒアリング結果からは、参加者の多くが町民討議会議の討議プロセスとその結果に対して高い信頼感を感じていることがわかっている[12]。

田村は熟議民主主義を現代社会が必要とする民主主義と位置づけ、「熟議」と「民主主義的な権威」の並び立つ民主主義モデルを提起している[13]。そして「熟議的意思決定」と「民主主義的な権威的意思決定」を媒介するのは、人々の「信頼」であるとしている。市民討議会の役割は、この「信頼」を社会の中に生み出すことであると考えることができる。もちろん市民討議会の熟議が、時に「政治的争点」化し広範囲の意見形成的な議論に拡大していくこともあるだろう。しかし、多くの場合は「固定的争点」として「信頼」を媒介とした民主主義的権威としての役割を果たしていくことが想定される。これがミクロ―マクロ媒介問題解決の一つのイメージである。

(4)実行委員会としての「まちづくりサポーター」の誕生

二〇一四年度の町民討議会議において、町民討議会議を小規模化したものを年数回開催すべき、という意見が出された。この意見を受けて創設されたのが「豊山町まちづくりサポーター」（まちサポ）である。まちサポは、二〇一五年九月に、町民討議会議の参加者六名を含む、高校生から六〇代までの町民九名で発足した実働組織である。まちサポは、高校生や二〇代という若い町民が参加しているという点に特徴がある。彼らは、無作為抽出で選出されたことがきっかけとなり、町民討議会議への参加にとどまらず、こうした役割を担うことになった。少なくとも、町民討議会議は、新たなまちづくりの担い手の発掘・育成に効果を発揮した事は間違いない。二〇一六年度に計画された過去五年間の町民討議会議の総括シンポジウム[14]は、このまちサポを中心に開催することになったのである。参加者から主催者へ、町民討議会議の新しい展開が期待されるところである。

こうした熟議民主主義的なモデルを豊山町を舞台に思い描くことができるとすれば、このモデルは都市内分権された地域自治組織における自治モデルとして敷衍することも可能であろう。権威と熟議の「競合的関係」のダイナミックなバランスを保つ民主主義モデルとして、小さな範囲での市民討議会の継続開催をミニ・パブリックスの制度化の一つとして位置づけることができるのではないだろうか。今後豊山町における社会実験から検証すべき課題は、町民討議会議の熟議の結果に対して非参加者が感じることができる「信頼」を拡散することができるかどうかである。その際、まちづくりサポーターが重要な役割を果たすであろう事に期待したい。

5　ミクロ―マクロ媒介問題解決における書き言葉の効用

ワークショップの熟議の『場』における話し言葉から書き言葉への変換操作には何か重要な意味が隠されているように思う。話し言葉が書き言葉に変換されるその現場が熟議の『場』であり、その変換の現場に立ち会うことで、話し合いの結果に対する「信頼（他者とのつながり）」が参加者の中に生み出されるということがあるとすると、ミクロ―マクロ媒介問題解決のヒントがここにあるとは考えられないだろうか。

「はじめに」で取り上げたKさんの事例を考えてみよう。人は、はじめに話し言葉の世界(固有名の世界)を求めて熟議の『場』に参加したいと思うことは明らかである。次に熟議の『場』においては、話し言葉が書き言葉に変換され、書き言葉となった成果が参加者に返される。さらに、これが参加者以外の多くの人にも伝わり、公共圏に向けて熟議の『場』に対する信頼感が拡散していくというのが、ミクロ―マクロ媒介問題解決の道筋であると考えられるのではないだろうか。

熟議の『場』における「話し言葉」とは何か?グループ内で比較的自由に行われる意見交換のことである。立場の違う人、世代の違う人、普段話をしない人との意見交換の体験には、「いろいろな人の意見を聞けてよかった」、「話ができてよかった」という感想カードに必ず見られる記述が示しているように、何か特別な魅力がひそんでいる。参加者の多くがこの体験に楽しさを感じていることも明らかである。一方、ワークショップにおける「書き言葉」とは何か?グループでの合意形成作業のまとめや最終的な感想カードに記入する意見がそれに当たる。これに対して、ポストイットへの個人的な意見の記入作業や意見形成のための熟議は、話し言葉から書き言葉の変換作業と考えることができる。

デリダによれば、書き言葉(エクリチュール)は、意味の容器(コーラ)であるという。つまり、話し言葉が書き言葉になることによって、話し言葉の固有名は匿名化し様々な市民の意見の器に変換されるのである[15]。このように考えると、ミニ・パブリックスの熟議の『場』は、話し言葉(パロール)から書き言葉(エクリチュール)を紡ぎ出すミクロ―マクロの媒介装置であると位置づけることができる。熟議というのは、見知らぬ他者とはいえ顔の見える少人数を相手として、話しながら自分自身の意見を変容させていく行為のことであり、コミュニケーションの楽しさは、話し言葉（パロール）によるコミュニケーションの時間の中にあると考えられる。一方、熟議の場の参加者が、意見形成の全体像を把握し、全体の意見分布の中で自分自身の意見を位置付け、他者の意見を受容していくプロセスには、書き言葉（エクリチュール）によるまとめや記録の存在が重要な役割を果たす。更に、熟議の場に参加していない市民にとっては、書き言葉による記録こそがミニ・パブリックスに対する情報のすべてである。つまり、話し言葉によって始まるミニ・パブリックスは、熟議の『場』で変換されアウトプットされた書き言葉によって、ミクロからマクロに媒介される可能性をもつことができるのである。話し言葉から書き言葉への変換プロセスがミクロ－マクロ媒介問題を解決することができるかどうかは、第一にミニ・パブリックスのプログラムの質の問題であり、第二に記録の編集の問題である。参加者の感じる楽しさが、参加していない人への信頼関係にまで発展していくことができるかどうかは、プログラムと記録の編集の技術にかかっているのである。

書き言葉（エクリチュール）は、固有名を失った容器（コーラ）であると、デリダは言う。例えて言えば、ミニ・パブリックスの記録は匿名性を帯びた合意形成のための地図のようなものだ。まとめの中で何かが決定されたことを報告するのではなく、各自がこのまとめを読み取り、意見を変容させながら方向を見定めていくための地図が「熟議のまとめ」である。こうして熟議に対する信頼を拡散させながら結果を広く受容するプロセスが、ワークショップにおける合意形成のイメージであり、ミクロ－マクロ媒介問題解決のプロセスそのものである。

6　ミクロ―マクロ媒介問題の諸様相

ここで紹介するのは、三つの公共建築づくりのワークショップ事例である。三つの自治体はいずれも三万人から一〇万人規模の地方都市だが、ミクロ―マクロ媒介問題が、行政職員の姿勢や参加住民の構成によってどのように異なる様相を持つかを見てみよう。

A市の場合は、ワークショップに対する行政職員の意識やモチベーションは比較的高かった。その理由として、従来型の審議会・委員会においては参加市民が固定化し、熟議の場として機能不全に陥っているという危機感が背景にあり、多様な市民に開かれたワークショップに対する期待感が担当職員と活動市民双方にあったのである。この事例の問題点は、公民館専用スペースの確保に強くこだわる参加者の存在が、他の参加者の活発な意見変容の機会を生み出しづらいものにしていた点にあった。これまでの既得権益に強くこだわる参加者が建前上の正論によって、様々な立場に視点を入れ替える自由な熟議を妨げる「戦略的に動機づけられた不誠実」[16]と呼ばれる状態を引き起こしていたのである。これはワークショップの場の中における第一のミクロ―マクロ媒介問題の一つと捉えることができるだろう。この種の問題に対する対処方法は、もっぱらプログラムの技術的な問題として解決を図ることになる。

一方、B市の場合は行政職員に市民参加に対する根強い不信感のようなものが背景にあった。たくさんの市民が参加すると話がまとまらない、あるいは行政の思惑通りコントロールできなくなるという警戒心が根底にあったようである。この熟議に対する不信感は、いわゆる民主主義の深化が統治を不安定化するという「統治能力の危機」論そのものである。市民参加に対するトラウマにより、熟議は幻想であるという既成概念が担当職員の中に形成されており、議会対策と審議会による行政の正統性の確保が優先されていたのである。このような場合は行政職員の意識変革が必要になる。対処方法としては、無作為抽出による開かれた一般市民の参加の『場』を経験することで、職員の市民参加に対するマイナス意識が変化することに期待したいところである。豊山町や伊予市で実施した何回かの市民討議会の経験が、行政職員の意識を変えていく様を見れば、十分考えられることだと思う。

三つ目の事例であるC市の場合は、優秀な行政職員が担当者であり、市民参加に対しても行政サイドにある程度の理解はあった。しかし、参加する市民の固定化が顕著であり、これまでの経験から、担当職員が市民の熟議に対して信頼感を十分に持てないでいることが問題であるように思われた。参加の場に一般市民の多様性を確保することができず、「他者の視点に立つことによる意見変容」の可能性を上手く作り出せずにいたのである。これはミニ・パブリックスとしての熟議の場の条件が整っていないということである。すなわち第二のミクロ―マクロ媒介問題の正統性確保の条件が成立していないといえる。この種の問題はミニ・パブリクスの制度化によって熟議の場に正統性を付与することで解決すべき問題であるように思われる。

7　親密圏、コミュニティ圏、公共圏の関係

豊山町の町民討議会議の場合は、人口が一五、〇〇〇人程のミニ・パブリックスによる熟議の場であるが、この人口規模の熟議の場をコミュニティ圏としてとりあえず位置付けておく。例えば三鷹市の場合は、人口規模が一八六、〇〇〇人であり、この規模で行われるミニ・パブリックスの場は、明らかに公共圏の熟議の場と

いっていい規模である。それでは、人口規模が三七、〇〇〇人の伊予市の市民討議会[17]の場は、コミュニティ圏か公共圏のどちらに作り出されたミニ・パブリックスかを考えてみよう。三七、〇〇〇人の自治体でも、三回目の開催にして二度目の参加というリピーターが存在し、あろうことか夫婦で参加した人も現れる程度の人口規模である。その意味では、伊予市の市民討議会もコミュニティ圏のミニ・パブリックスとしての性格を持っていると言えそうだが、「見ず知らずの他者の複数性」[18]は、先に述べたように感覚的ではあるが豊山町と比較すると、伊予市の方がほどよく確保されており、公共圏としてのミニ・パブリックスの性格も適度に保持されていると感じることができる熟議の場でもあった。人口規模で考えれば、三七、〇〇〇人の伊予市の場合、毎年二、〇〇〇人に招待状を送付し続けても一五歳以上の市民全員に行き渡るには一五年以上を要する計算となる。それでも繰り返し実施するプロセスの中から先に記したような親密な他者が生まれる可能性も考えられるが、見知らぬ他者との出会いの場としても成立しているという意味では、コミュニティ圏と公共圏の両方の性格を合わせ持つ人口規模と言えそうである。

豊山町や伊予市で実施している市民討議会が、コミュニティ圏で実施されるミニ・パブリックス（熟議の場）であるとすると、相対的に言えば、豊山町の場合は親密圏に近いコミュニティ圏であり、伊予市の場合は公共圏よりのコミュニティ圏であると位置付けることができるだろう。コミュニティ圏の熟議の場には、「人称的な依存関係」に基づく親密圏の熟議の場と、「非人称的な信頼関係」が必要とされる公共圏の熟議の場を媒介する役割を果たす可能性が両方存在しているのではないかというのがここでの論点である。

伊予市における市民討議会終了直後のその場アンケートでは、市民討議会の内容を家族に話すかという質問もおこなっている。なんと八割以上の人が家族に話すと回答したのである。これはコミュニティ圏の熟議が親密圏への熟議へと浸透する可能性を感じさせる結果である。さらに、身近な人に市民討議会への参加を勧めるかという質問に対しても八割程度の人が勧めると答えたのである。これは熟議の場そのものに対する「信頼感」の拡大へとつながる可能性と考えることができる。

最後に親密圏とコミュニティ圏と公共圏の重層的な関係を前提として、新たな視点からコミュニティ政策にはどのようなことが求められるのかを考えてみたい。改めて整理すると、コミュニティ圏の熟議は継続的に繰り返すことによって、親密圏及び公共圏との媒介機能としての効果を高めることができるのではないかというのが、豊山町と伊予市で検証しようとしている社会実験の目的である。すなわち、熟議の体験者を増やすことで、親密圏に近い領域においては、口コミによって熟議経験を共有化し、「自らに配慮や関心を寄せてくれる他者の存在」を生み出す可能性を高め、結果としてコミュニティに新たな親密圏を生み出していくことが期待される。

一方で、コミュニティ圏の熟議の体験者を増やすことによって、公共圏における熟議の場への参加を促し、熟議の結果に対して「非人称的な信頼関係」の感覚を生み出すことが期待できる。コミュニティ政策として考えると、公共圏における熟議は、成果に対する正統性を獲得するために、ある程度制度化された方法によって行政や議会が開催することが望ましい。一方、コミュニティ圏の熟議は、継続的に開催し続ける可能性も考えて、開催しやすい内容と体制を考えることが望ましい。地域住民と行政の協働事業として取り組むべきコミュニティ政策の新たなテーマと言えるだろう。新たな親密圏の創出と親密圏の熟議については、その性格上市民主体の場作りとして取り組むべき活動であり、まちづくりや福祉に取り組むNPO活動組織、自治組織などに対する活動支援が行政には求められる。以上、ここではもう一つのコミュニティ政策に求められる考え方を整理してみた。

8 自治体規模の違いに応じたミクロ—マクロ媒介問題の解決策

ここまでは、ミニ・パブリックスの場に参加している市民それぞれの間の媒介問題と、ミニ・パブリックスの場で意見形成された内容の正統化問題として、ミニ・パブリックスの参加者とそこに参加していない他の多くの市民との媒介問題の二つをミクロ—マクロ媒介問題として検討してきた。ここでは、後者のミクロ—マクロ媒介問題を制度的な接続問題であるか、非制度的な接続問題であるかという視点から更に考えてみたい。

(1)制度的解決提案と非制度的解決提案

ミクロ—マクロ媒介問題の制度的問題とは、意見形成の場としてのミニ・パブリックスの場と意思決定の場としての議会との接続の問題である。それに対して非制度的問題とは、ミニ・パブリックスに直接参加した少数の市民と参加していない大多数の市民との接続の問題である。

熟議民主主義の必要性について、ハーバーマスは意思決定の信頼性を高めるために民主主義のいわゆる複線モデルを提起している。正統的な意思決定のための回路（組織化された公共圏）である議会と、それを補完するための非制度的な一般的公共圏としての熟議の場の二つの回路の提案である。この点について田村は、「国家・議会における『決定指向の審議』『民主的に組織化された意思形成（決定）』は、このような市民社会（一般的公共圏）における『非公式の意見形成』との『協働』によって民主的なものとなる」[19]とハーバーマスの考え方を紹介している。

⑵小規模自治体でのミクローマクロ媒介問題の解決提案

コミュニティ規模の自治体である愛知県の豊山町では、繰り返し紹介しているように熟議による意見形成の場と、より広い市民社会との接続に対応する方法として、コミュニティレベルの範囲を対象としたミニ・パブリックスの継続的開催を実施してきている。実際に六年目を迎えた豊山町の現状をヒアリングによって検証してみると、「信頼」に基づく民主主義的権威という位置づけが町民討議会議に対して形成されているとは言いきれないものの、それなりに町民討議会議に対する認知度と評価は一般市民の中で高まっているように思われる。

このこととは別に、意外にも議員とのインフォーマルな関係が様々に発生していることがヒアリングによって明らかになった[20]。議員そのものは、町民討議会議の参加をお願いする無作為抽出市民から除外されているが、現在町民討議会議を企画運営しているまちづくりサポーターのメンバーには、議員のOBや現役議員が加わっていることや、議員の家族に招待状が何度か届いていること、議長をはじめとして何人かの議員は毎回傍聴に訪れていることなどである。議員それぞれにとって町民討議会議はそれなりの存在感を持ちつつあり、現実の問題として町民討議会議という意見形成の場は、意思決定の場である議会に対し、非公式ではあるが多様な接続回路を形成しつつあるように見える。

一方で、議会との関係でいえば、伊予市の市民討議会は参加者として行政職員と議員も無作為抽出の対象に含めている全国的に見ても特異な事例である。二〇一八年八月に第四回目の市民討議会を開催しているが、これまでに一九名の議員中三名の議員が参加したことがわかっている。参加した経験のある議員と職員に対してヒアリング[21]を実施したところ、いずれも直接市民の意見を聞くことができる機会として、市民討議会を高く評価していることがわかった。この規模の自治体だと、議員や自治体職員を無作為抽出の対象に含めることで、自然な形でミニ・パブリックスの熟議内容を組織化された公共圏に接続することが可能であることがわかった。

(3) 中規模自治体（一〇万人〜二〇万人規模）でのミクロ―マクロ媒介問題の解決提案

一方、人口一四万人程度のM市では、もう少し意図的にミニ・パブリックスの場（一般的公共圏）と議会（組織化された公共圏）との接続の可能性を検討しようとしている。無作為抽出市民と議員を混合したハイブリッド型の意見形成の場の提案である。この規模の自治体の場合、豊山町で自然発生したようなインフォーマルな回路の発生や、伊予市のような直接的な接続回路の形成に期待することは難しいと思われるので、計画的に意見形成の場と意思決定の場の接続の機会をデザインしてみようというわけである。

もう一つの非制度的なミクロ―マクロ媒介問題としてのミニ・パブリックスにおける意見形成と一般市民との接続については、熟議の場の多層化[22]という考え方を展開することが有効だと考えている。まずはできるだけ多数の市民に対して、熟議による意見形成の場に対する「信頼」を広げる必要がある。そのためには、熟議の場を体験する市民を拡大し、意見形成の場に対する民主主義的権威を確立することが必要となる。民主主義的権威とは、熟議民主主義において「民主主義的な権威的意思決定」と「熟議的意思決定」の問題を論じる中でマーク・E・ウォーレンという政治学者が提起している概念とされる[23]。そもそも市民が熟議に費やすことができる時間、関心、専門的知識(これらを「熟議リソース」と呼ぶらしい)は限られており、個人にとって必要な「政治的」争点に熟議リソースが投入できるようにするためには、それ以外の「固定的」争点については、民主主義的な権威的意思決定に委ねることができるようにすることが必要だとする提案であり、熟議リソースの最適配分という考え方である。一方でそうであるが故に、逆に政治的「不信」が生じた場合には、そのことを契機として捉え、政治的争点毎に充分な熟議の場が用意されなくてはならない。

ここでのミクロ―マクロ媒介問題の検討から分かったことは、自治体の規模によって異なったミニ・パブリックスのプロセスデザインを用意することが必要だということである。今回議員を交えて参加者を構成するハイブリッド型のミニ・パブリックスは、残念ながら実現することはできなかったが、もし実現できるならば、ミニ・パブリックスと議会の関係にも新たな論点と可能性が生まれてくることになるだろう。

注

1 田村哲樹『熟議の理由―民主主義の政治理論―』勁草書房、二〇〇八年。

2 科研費研究：平成二三年度〜平成二四年度基盤研究(C)「自治体における討議デモクラシー手法の研究―市民討議会の分析と改善策の構築」。科研費研究：平成二七年度〜平成二八年度挑戦的萌芽研究「無作為抽出と熟議との反復が市民のまちづくり参加への意識と行動に及ぼす効果の研究」の一環として実施された。

3 田中愛治編『熟議の効用、熟慮の効果　政治哲学を実証する』勁草書房、二〇一八年。

4 東浩紀『一般意志2・0 ルソー、フロイト、グーグル』講談社、二〇一一年。

5 田村哲樹『熟議民主主義の困難』ナカニシヤ出版、二〇一七年。

6 C・アレグザンダーは、『パタン・ランゲージ』(一九七七)という空間の質を辞書のように編集した本を作成し、ユーザー参加の設計方法論を実践したことで有名であるが、ここで取り上げられているのは、それ以前の『高速道路におけるグラフィック・テクニックに関するスタディ』(一九六二)の事例である。

7　國分功一郎『近代政治哲学―自然・主権・行政』ちくま新書、二〇一五年。
8　真木悠介・大澤真幸『現代社会の存立構造／『現代社会の存立構造』を読む』朝日出版社、二〇一四年。
9　科研費研究：平成二二年度～平成二四年度基盤研究（C）「自治体における討議デモクラシー手法の研究―市民討議会の分析と改善策の構築」。科研費研究：平成二七年度～平成二八年度挑戦的萌芽研究「無作為抽出と熟議との反復が市民のまちづくり参加への意識と行動に及ぼす効果の研究」の一環として実施された。
10　ジェイムズ・S・フィッシュキン『人々の声が響き合うとき』早川書房、二〇一一年。
11　伊藤雅春「市民討議会のプログラム分析」『地域社会研究』第二五号、二〇一三年。
12　第5回町民討議会議参加者ヒアリングの記録から（二〇一六・三・二七―二八）。

「無作為の町民が集まっているんだということをみんなが知っていればある程度信頼されると思いますし、一回でも参加していれば正直、議会よりは遙かに信用できると思います」

「そういう意味では小さい町で何回かやると、そういう人が増えるだけでも、内容は兎も角として信頼感は増す。僕はこれ、豊山町の行事的にずっとやってもいいのかなという気がしますけどね。町政への住民の直接参加的な意味で。参加した町民が一割を越えたら違うと思いますね。一、〇〇〇～一、五〇〇人ぐらい。町民議会という形で毎年やるんだったら、それは町の売りにもなるのかなと思いますけどね」

「ただそういうところで自分が参加しなくて出された結論ということだったら、この間のような方式でやるということは信頼性はあると思っています。出た結論としてはね。だけどそれがもう一回、本当に信頼できるか、自分に関わって討議するということになると、そこではまた自分の意見を伝えるということになると思いますけどね。ただ信頼はおける方式だと思います」

「過程は見ていて、信頼はできるということですね。全然、強引に誰かが引っ張って結論を出すということではなくて、意見を自由に気軽に言って出てきた中での結論だったら、それはそれで信頼、ああいう討論形式を実際に見て、その通りにやられていればある程度の信頼はおけるという意味なんです」

13　田村哲樹『熟議の理由―民主主義の政治理論―』勁草書房、二〇〇八年。
14　伊藤雅春「六年目を迎えた豊山町町民討議会議」『地域社会研究』第二八号、二〇一六年。
15　東浩紀『存在論的、郵便的ジャック・デリダについて』新潮社、一九九八年。
16　田村哲樹『熟議の理由―民主主義の政治理論―』勁草書房、二〇〇八年。

17 科研費研究：平成二九年〜平成三一年度基盤研究（C）「熟議システムにおけるミニ・パブリックス型熟議の継続が自治体に及ぼす影響の実証研究」の一環として実施された。
18 齋藤純一『政治と複数性—民主的な公共性に向けて—』岩波書店、二〇〇八年。
19 田村哲樹『熟議の理由』勁草書房、二〇〇八年。
20 科研費研究：平成二九年〜平成三一年度基盤研究（C）「熟議システムにおけるミニ・パブリックス型熟議の継続が自治体に及ぼす影響の実証研究」の一環として実施された。
21 科研費研究：平成二九年〜平成三一年度基盤研究（C）「熟議システムにおけるミニ・パブリックス型熟議の継続が自治体に及ぼす影響の実証研究」の一環として実施された。
22 田村哲樹『熟議民主主義の困難』ナカニシヤ出版、二〇一七年。
23 田村哲樹『熟議の理由』勁草書房、二〇〇八年。

2 共同主観性から生まれるコミュニティ・デモクラシー

1 「信頼」によってつながるコミュニティ

前章で「コミュニティは市民社会と個人の中間領域にあり、両者を媒介する役割を担う可能性のある重要な概念である」と書いた。しかし、このコミュニティ概念は必ずしも明確であるとは言えない。市民社会に生きる個人にとってコミュニティは、どのようなものとして意識され、どのような意味において重要なのかをもう少し考えてみよう。

社会学者の真木悠介(見田宗介)は、「現代社会の存立構造(一九七七)」[1]の中で個人と社会の関係を三つのタイプに整理している。現実の社会は、この三つのタイプの関係が複数同時に存在したり、組み合わさったりしていると理解することができるというのである。その三つとは以下のようなタイプである。

Ⅰ．諸個人が直接的・即自的に社会的な存在としてあるタイプ〔即自的な共同態〕
⇓社会の「共同体」的な形態
Ⅱ．諸個人が媒介的・即自的に社会的な存在としてあるタイプ〔集合態〕
⇓社会の「市民社会」的な形態
Ⅲ．諸個人が対自的に社会的な存在としてあるタイプ〔対自的な共同態〕
⇓社会の「コミューン」的な形態

Ⅰは、個人が確立されている市民社会以前の状態である。あるいは、現代でも家族的な関係性の中の個人のありようとして理解することもできる。Ⅱは、自由な個人が、しかし個人ではいかんともしがたい社会構造の中で疎外感を感じながら暮らしている状況である。いわゆる市民社会である。コミュニティとして想定される概念は、おそらくここでいうⅢのタイプに近いものではないかと想定できる。そうはいっても、社会全体がⅢのタイプになることはなく、コミュニティとコミュニティの関

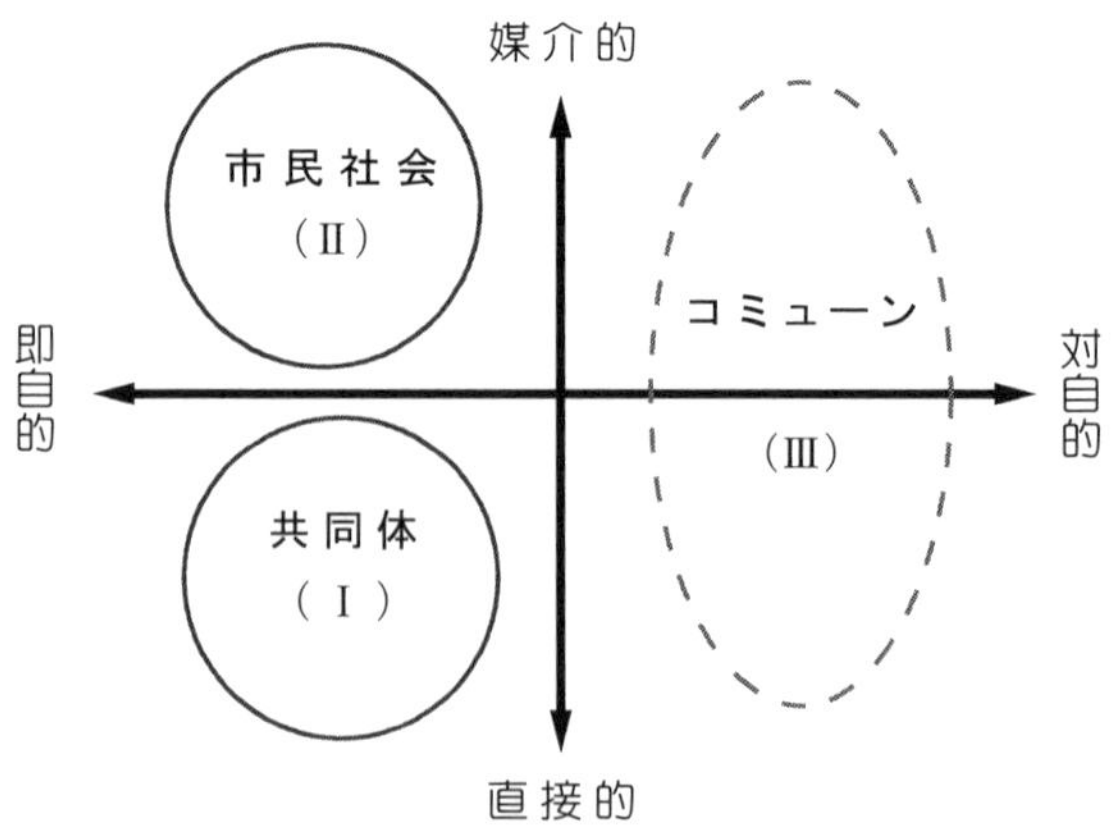

図 2　個人と社会の関係図式

係を想定すれば、当面はⅡのようなタイプと共存した社会構造として考えられる。

　コミュニティ概念への関心は、むき出しの個人が、いきなりⅡの市民社会に生きる、あるいは家族というⅠのタイプの共同態の集合態として市民社会を構成する以外に、Ⅲのタイプの共同態すなわちコミュニティを形成して、Ⅱの市民社会を構成することが可能かという問題関心であるようにも思われる。

　さて、ⅠとⅡの違いは、個人が直接的に他者と関わるのか、媒介的に他者と関係するのかの違いである。媒介的の意味は、経済的関係においては媒介するモノは貨幣ということになる。一方、ⅠとⅡは、即自的であるのに対して、Ⅲは対自的と説明されている。この意味は、対自的な社会では社会を構成する個人が、ある程度主体的にその社会の全体性に関わることができる、社会に対して疎外感を持たずに暮らしていられるという意味であろう。しかし、前述の説明の中では、Ⅲについて直接的であるか媒介的であるかは明示されていない。直接的であるというのは個人がある特定の関心や能力に限定されることなく、例えば家族の一員のように人格全体が対象となることであり、媒介的というのは、特定の関心や能力に限定された要素としてのみ個人が評価されるということでもある。例えば会社に所属している個人のように、媒介される仕組みによって個人に求められる能力は異なることになる。

　さて、コミュニティは、直接的な関係であるのか、媒介的な関係なのか、あるいはそのどちらでもないのだろうか。これは、コミュニティにおいて、諸個人をつなげるものは何かという問題でもある。しかし、この問いに答えることは意外に難しい。確かにコミュニティをⅡに近い集合態として理解する人と、Ⅰに近い共同態として捉えている人がいる。現場ではこの幅が往々にしてコミュニティ運営に混乱をもたらしているようにも思える。特に地域コミュニティでは、その構成員の多様性を考えると、直接的な関係を維持することがある程度必要だと思う。直接的でありかつ同時に媒介的な関係を実現することは可能だろうか。そのような媒介の仕組みとはどのようなものかが問題となる。さらに、その媒介的関係は、コミュニティと諸個人の間に対自的な関係を生み出すようなものでなければならない。

そこで思い至ったのが、コミュニティにおける媒介的の意味を「熟議（言葉）」というコミュニケーションの機会として考えることができないかというアイデアである。

○市民社会：　不可視の共同性　⇓　貨幣　⇓　「信用」
○コミュニティ：対自的な共同性　⇓　熟議（言葉）　⇓　「信頼」

右記の意味は、貨幣という媒介手段が、「信用」という概念に支えられ不可視なそして即自的な共同性を市民社会に与えているのに対して、熟議（言葉）という媒介手段が、「信頼」という概念を創出することで、対自的な共同性をコミュニティに与えることができるのではないかという問題提起である。豊山町における町民討議会議の継続的開催の社会実験の意味もこのような仮説により、より深く理解する可能性が広がるように思う。

さらに、こうした考え方に沿って、コミュニティ・マネジメントの意味について考えてみよう。コミュニティにとって対自的な関係を維持することが重要なことだと考えるならば、コミュニティが対自的な社会関係を生み出せるよう絶えず働きかけることが、コミュニティ・マネジメントの目的と言えるのではないか。具体的には、直接的関係を維持するためにコミュニティ構成員相互の日常的なコミュニケーションの機会を組織し、信頼という媒介的関係を拡大するような民主的な熟議の場を多層に仕掛けていくことがコミュニティ・マネージャーの役割となる。

2　共同主観性をはぐくむコミュニティ診断ワークショップ

コミュニティを診断するというアイデアは、二〇一一年に思いついたものだ。もちろんコミュニティなどというものを客観的に評価できるなどと思ったわけではない。ただ同じ地域に暮らしている住民のコミュニティに対する主観的な受け取り方がどの程度異なり、共通性があるのかという点に関心はあった。個人的な評価がいくら違っているとは言え、コミュニティの状態が地区に住む人に対して何らかの影響を与えていることは確かなことだ。しかし、その人のコミュニティへの関わり方によって、その人のコミュニティに対する評価は大きく異なってくるということもまた事実である。その違いを熟議の場に持ち込むというのが、コミュニティ診断ワークショップのアイデアである。

そのコミュニティが健全であるかどうかは、住民のコミュニティに対するコミットメントの有り様が重要な要因となる。そこで、誰でもが答えられるより簡便なコミュニティ診断アンケートを作成し、それぞれの住民の主観的な評価結果を可視化することを通してコミュニティの課題を共有し、コミュニティとの関係を内化[2]するプロセス、すなわち住民自らがコミュニティを診断し、改善しようと思えるようなダイナミックな住民参加型コミュニティ診断手法を開発し、その有効性を検証することとした。再帰性の増大する現代社会では、こうした相互作用的な視点の導入がコミュニティ政策にとって重要であると考えたのである。

何故同じ地域に対する評価が人によって異なるのか。お互いが意見交換しながらコミュニティを評価するという共同体験をすることで、コミュニティとしての課題が改めて浮かび上がってくるのではないか、というのがこのアイデアの出発点である。「コミュニティの環境は、静かで安定している方が良いのか、ある程度の活気があって適度な人の出入りや入れ替わりがあった方が良いのか？」「その地域の安心感は何によって左右されるのだろうか？知り合いの多さや安定した人間関係、あるいは不特定多数の人の見守りのまなざし……」等々、様々な答えが予想できる。コミュニティ診断の目的は、コミュニティに対する感覚的な評価を高めることなのか、あるいはコミュニティの環境整備を一律に進めるためのものなのかというようなことではない。この問いは貧困に対するアマルティア・センの「ケイパビリティ・アプローチ」の議論に似ているところがある。同じ環境であっても個人個人にとっては違った意味を持つ場合、評価と対策をどう考えるかである。答えは一つではないし、評価する側の変化と評価されるコミュニティの側の改善内容との相互作用によって、両者の状況が変化し続けるサイクルを生み出すことができるかどうかである。では、どのようにしたらこうしたサイクルを生み出す仕掛けができるのであろうか？

コミュニティ診断アンケートは、できるだけシンプルな内容とし、アンケート結果を客観的なモノサシとしてではなく、あくまでも個人差を前提とした、共同主観的なコミュニティ評価を見つけ出す道具として位置づけられている。コミュニティに対する共通の問題意識を発見し、コミュニティに対する多様な価値観を確認し、それでも尚、向かうべき共通の方向性があるのであれば、その地域に相応しい具体的活動につなげていくというイメージである。この「住民参加型コミュニティ診断手法」[3]によって、再帰的な現代社会において求められるコミュニティ政策のあり方の一つの可能性を僕なりに提示したつもりである。

ワークショップにおけるグループ討議の実際の場面を思い浮かべてみると、いろいろな場面を想定すること

表 2　コミュニティ診断アンケートの質問項目

(1) [一体感] を確認する項目
　①あなたのコミュニティは人と人のつながりは強いと思いますか？　[人のつながり]
　②あなたのコミュニティは安心感のある地域だと思いますか？　[安心感]
　③あなたは、自分の住んでいるコミュニティが好きですか？　[愛着感]
(2) [参加度] を確認する項目
　①あなたの地域の活動に、多くの人が参加していますか？　[活動への参加]
　②あなたのコミュニティでは、多くの人の意見を聞く機会や話し合う場が設けられていますか？　[話し合いの場]
　③地域の多くの人にコミュニティの情報が周知されていると思いますか？　[情報の周知]
(3) [活力] を確認する項目
　①あなたの地域の建物は他と比較して活発に建て替えられていると思いますか？　[建て替えの頻度]
　②あなたの地域の福祉分野の様々な事業やボランティア活動は盛んだと思いますか？　[ボランティア活動]
　③あなたの地域のＮＰＯや生活協同組合の活動は盛んだと思いますか？　[市民事業]

ができる。それぞれが自分自身について語る場面、ある提案についてそれぞれの意見を述べる場面、グループで何かを選択する場面、グループで一つの作品を作り出す場面等々である。ここで問題となるのは、グループで意見の相違を乗り越えて、一つの合意を作り出す場合である。「私の意思」と「私たちの意思」を一致させることは実際に可能なのだろうか。具体的に考えてみよう。「住民参加型コミュニティ診断手法」は、コミュニティ評価に対する九つの指標について、数名で話しあって、共同主観的な評価結果(五段階評価)を合意し、改善課題と対応策を考えるワークショッププログラムである。

この時、多数決や個人評価の平均値で結果を求めることは、共同主観的な合意形成プロセスとは言えない。あくまでも個々人の選択結果を説明し、熟議を経て評価結果を合意することが重要であると考えた。平均値を求めるような合意の導き方をルソーがいう個別意志の総和である「全体意志」とすれば、熟議を経て形成される共同主観的な合意は、「一般意志」[4]につながるものではないだろうか。その違いが何を意味するかである。共同主観的合意はどのようにすれば一般意志に近づくことができるのだろうか。これが「わたし」から「わたしたち」を生み出す鍵である。

ここには、言葉を換えればミクロ―マクロ媒介問題と同質の問題があるように思う。ミクロ―マクロ媒介問題の解決策として、前章では、「信頼」ということを挙げた。信頼を形成、拡散するには、親密圏の熟議が必要であると考え、その具体的な方策として、コミュニティ圏を提案した。しかし、信頼というだけではあまりにも曖昧である。ここでは、より具体性のあるプログラムとして、「共同主観性」の概念をミクロ―マクロ媒介問題解決へのアプローチの一つとして提案するものである。

共同主観的な合意形成の有り様を視覚化してみよう。「住民参加型コミュニティ診断手法」の場合はこうだ。**図3**の住民参加型コミュニティ診断手法では最初に個人個人でコミュニティに対する評価を行う。同じコミュニティで生活している参加者同士ではあるが、それぞれの人にコミュニティがどのように見えているか、どのようにそれぞれの人が感じているかという評価が示される。この評価結果には、同じコミュニティで生活しているにもかかわらず、個人コミュニティ評価表に見られるように大きな個人差が表れる。しかも、これは外から正解が与えられるような問いではない。あくまでも主観的な判断の結果であり、その後に行われる話し合いは、相互の主観を変容させていく熟議のプロセスとなる。

この差を埋めるために、平均値ではなく、あくまでも熟議によって個人意見を変容させて合意するよう求めるとどうなるだろうか。まず、それぞれの人の評価差の要因が問題になるだろう。そのことによって、それぞれの人のコミュニティに対する評価の視点が明らかになり、話し合いの中で、自分自身が充分に知らなかったことや誤解が明らかになれば、その人の評価は変更されることになる。それぞれの人の評価にそれぞれの根拠がある場合には、それとは異なる立場の人の評価も考えてみることによって、新たな合意を発見することも考

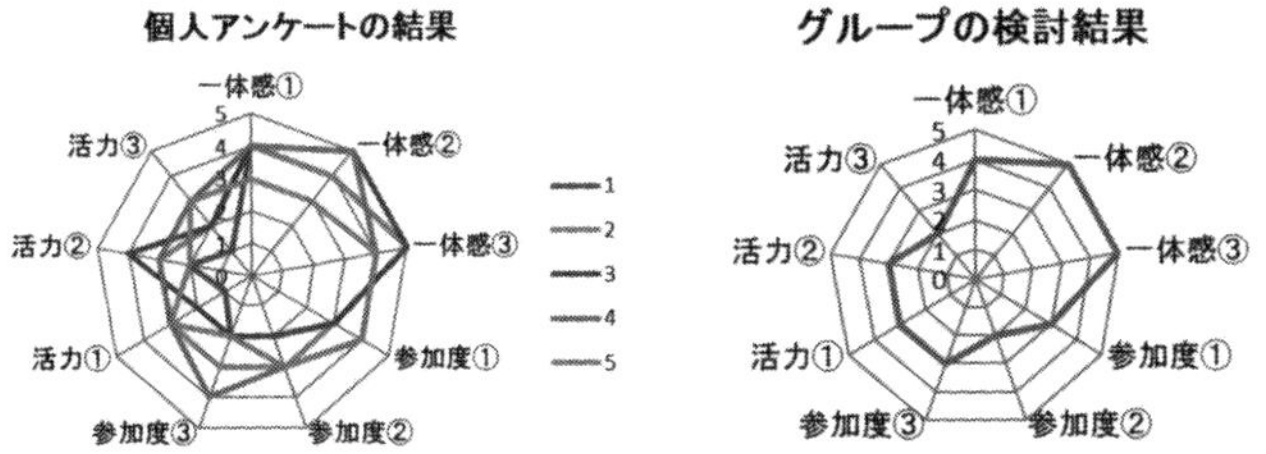

Ａ地区グループ１
個人コミュニティ評価表

共同主観的
コミュニティ評価表

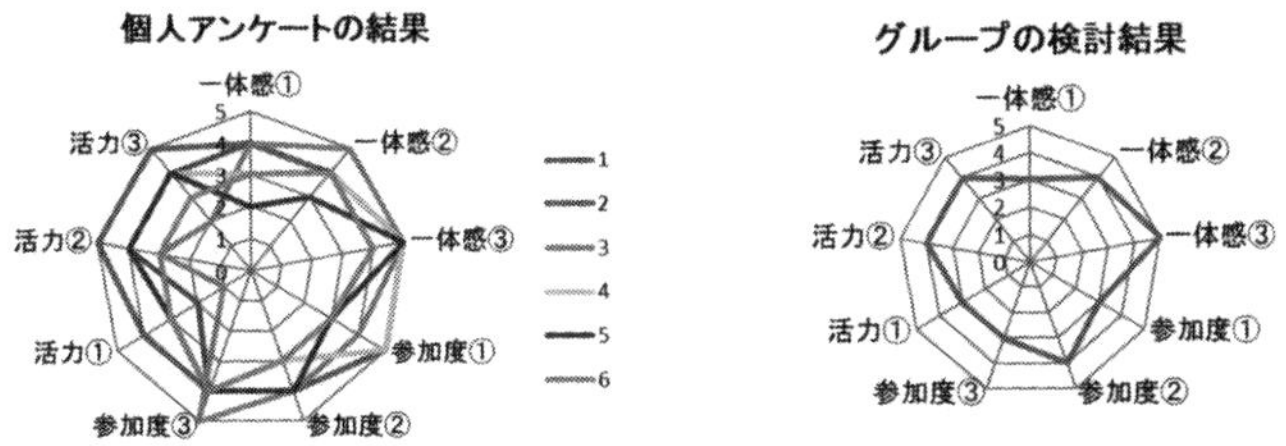

Ｂ地区グループ３

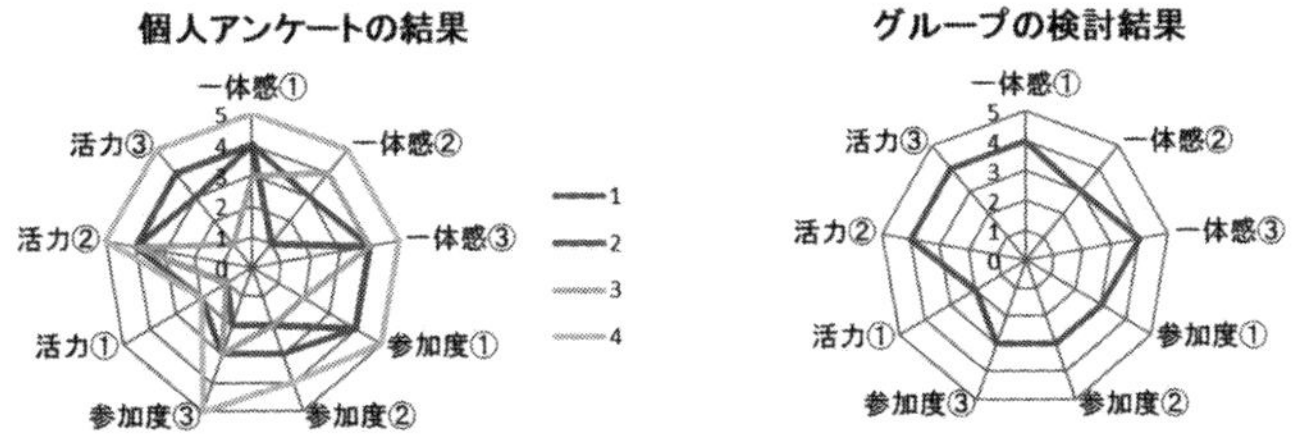

Ｃ地区グループ１

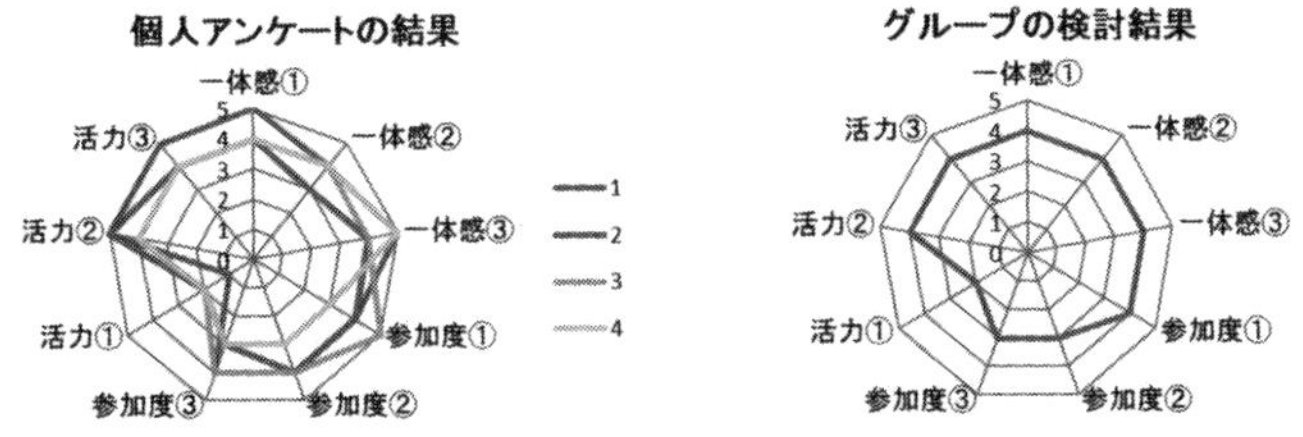

Ｄ地区グループ１

今回のコミュニティ診断ワークショップ（WS）では、4つの地区すべてで同じプログラムを実施した。まずは個人でコミュニティ診断表を作成してもらったが、どの地区でも予想以上に個人個人のコミュニティに対する主観的な評価の差が大きいことに驚いた。次にグループで共同主観的なコミュニティ診断表を作成した。地域の特徴がそれぞれのグループの結果に微妙に反映されると同時に、全く別の地区同士でも同じような評価結果が現れる事もあり興味深い結果となった。

参加者自身のコミュニティ診断ＷＳに対する感想アンケートの結果を見ると、こうした話し合いが地域には必要であり、こうした話し合いによって地域を良くすることができるという多くの発言があったことが印象的である。一連の成果から住民参加型コミュニティ診断手法の有効性に対する確信をある程度持つことができた。

図３　コミュニティに対する個人の評価と共同主観的評価

えられる。[5] あるいは、双方が知っている異なるコミュニティとの比較をすることで、評価の溝を埋めることも考えられる。いずれにしてもそれぞれの主観的な評価を乗り越えて、共同主観的な評価に至る熟議の結果は、ルソーいうところの「一般意志」の概念により近づくように思うのである。

共同主観性といえば、廣松渉[6]の認識論が思い浮かぶ。「『私が考える』ということは『我々が考える』という性格を本源的にそなえていると云うことができよう」と廣松は考える。廣松は、主観と客観という枠組み自体がすでに行き詰まっているという問題意識から「共同主観的存在構造」という概念を提起したのである。

再帰性の高い現代社会においては、このように外に正解を求めることはできない答えのない問いに対して、一人一人の主観を足し合わせるのではなく、ぶつけ合わせながらより確かな共同主観を見つけ出していくことを覚悟しなくてはならないのだと思う。共同主観的合意を同一地域で繰り返し、変化させ続けていくことで、磨き上げていくしかないのである。そのためには、熟議民主主義が必要とする「包括性」と「反省性」が重要な意味を持つように思う。共同主観的合意は、一般意志の形成に向けて終わることなく変容していくもののように思われる。共同主観的合意を限りなく繰り返していくその先に、一般意志を想定することが熟議民主主義のあり方である。

3　共同主観性に基づく熟議民主主義

熟議に懐疑的な人は、ワークショップのような話し合いでは本当の価値は生み出すことはできないと考えている。あるいは、ワークショップで熟議し、選択したプロセスに価値があるのであってその内容は問わない、あるいは問うことはできないと考えてしまうのである。これが熟議に対する価値の「穏やかな相対主義」[7]の立場である。この価値の「穏やかな相対主義」は乗り越えられなくてはならない。チャールズ・テーラーは、このことを「〔主観主義へと〕すべり落ちてゆく」と表現している。しかし、相対主義を回避することはなかなかに困難な課題である。近代の哲学が、自己決定的自由―外から押しつけられるすべてのものから身をもぎ離し、自分一人で決定すること―に舵を切っているからである。ここで、主観主義にすべり落ちていかないために忘れてはならないのは、「重要な他者」との対話であり、またしても民主主義である。熟議民主主義は決して客観的な価値はもたらさないが、共同主観的な価値を生み出す可能性を持っている。さらに民主主義の持っている反省性[8]は、繰り返し熟議を重ねることで、より「ほんものという道徳的価値」に近づくと考えることができるのではないかというのが、ここでの問題提起である。

しかし、より現実に即して検討するならば、ワークショップの目的にもいろいろな違いがあり、一概にはいえないと考える人も多いだろう。特にデザインの決定を目的とするようなワークショップの場合は、よい質を生み出すことが難しいと考えるデザイナーは多いのではないだろうか。このことに対して、ランドルフ・T・ヘスターは、「エコロジカル・デモクラシー」[9]という概念を提起し、主観主義にすべり落ちないために、エコロジーという価値をデモクラシーと接続することを主張している。

地域のルールを決定することを目的とするようなワークショップにおいて、市民的合意が形成されるかどうかを疑っている行政担当者も少なくないと考えられる。仮に合意がなされることになったとしても、その内容の是非を問うことはできない、あるいはそもそも合意など得られる保証はない、と心の中で思っている人は多いのではないだろうか。この問題を乗り越えるには、主観主義と客観主義を対立的に理解する罠に落ちてしまわないことが重要である。言い換えれば、主観主義に基づく自己決定的自由にこだわるか、逆に客観主義に捕らわれた無関心あるいは他者依存に陥る以外の可能性を熟議民主主義の中に探らなければならないのだと思う。最近の著作で哲学者の國分功一郎が提起している「能動態」と「受動態」の対立とは異なる「中動態」[10]という考え方もこうした問題意識を前提にした現代的課題に立ち向かう哲学的概念のように思われる。

デモクラシーは、外から与えられる価値を期待してはいないが、バラバラな主観的価値を容認しているわけでもない、みんなで作り上げていく価値の可能性を指し示しているのだ。しかしあくまでも熟議民主主義は再帰的であり、熟議の中で生み出される価値は、絶えず変容していくものなので何らかのゴールに到達するというものでもない。しかし、だからといって何でもよいという「穏やかな相対主義」にすべり落ちていくことなく、より包括性の高い共同主観的価値（テーラーのいう「ほんものという道徳的価値」に近いのかもしれないと僕は考える）を目指すものではないか。ここでは、コミュニティ・デモクラシーが乗り越えるべき課題としての「穏やかな相対主義」について検討した。

4　熟議民主主義を実現するコミュニティ・デモクラシー

「入れ子型熟議システム」とは、田村哲樹が「熟議民主主義の困難」の中で提案している考え方である。親密圏と公共圏の熟議の場が、重層的に構成されていることが「入れ子型熟議システム」として説明されている。ここでは、この「入れ子型熟議システム」の考え方をヒントにコミュニティレベルの熟議の場を前提とした、コミュニティ・デモクラシーの概念を提起したい。

コミュニティにおいては、意思決定の正統化手続きを目的とした民主主義的権威としての組織が制度的に必要とされるが、実際に住民間の対立的問題が発生した場合などは、実質的な熟議の場が作り出せるかどうかが、コミュニティ・デモクラシーの有無として問われるところとなる。制度的には、コミュニティの範域でまちづくり協議会や地域自治区のような政府的な組織が作られることはあり得るとしても、コミュニティそのものが政府となることは少ない。一方で、コミュニティそのものが事業体化することはどうか。現在中山間地域でこうした小規模多機能自治組織を目指す動きはあるものの、一般的にはコミュニティの一部あるいはコミュニティを越えて事業体が生まれることが多い。

ここで問題提起したいのは、コミュニティには、意思決定を担う組織体と公共的なサービス提供を担う事業体に加えて、意見形成を行うための熟議の場が必要とされているということである。まず、コミュニティは、意思決定組織（地域自治組織）を通して、外部の自治体政府、あるいは他地域の自治組織とつながることが可能となる。次に、コミュニティにおける熟議の場の形成は、親密圏における問題を受け止める公共圏の熟議の場とのパイプ役として、意味を持つのではないか。一方でコミュニティは、意見形成の場（コミュニティにおける熟議の場）をパイプ役として公共圏の熟議を親密圏へと届ける役割を持つ。こうしたコミュニティの関係の全体構成（マネジメントスタイル）を多様に実現することがコミュニティマネジメントの目的であると考えることができる。

図4に示したように、制度論としてのコミュニティ政府の実現とコミュニティの熟議の場の形成をコミュニティ・デモクラシーの両輪であると位置付けたい。コミュニティ政策という観点からいえば、コミュニティ・デモクラシーの実現をコミュニティ政策として明確に位置付け、そのための具体的な方法論を提示することが求められるのである。もう少しこの図に説明を加えよう。親密圏の特徴は、非公開性、非制度性、不平等性

等にあるといわれている。この問題を回避するために、親密圏には「外部」への接続回路の形成が必要であると田村は指摘している。親密圏の最初の外部は、コミュニティとなる可能性が高い。そのためには親密圏の不平等性に対抗するための準外部としてコミュニティの熟議の場を形成することが有効である。コミュニティを、家族や近隣の問題を直接解決する装置としてではなく、親密圏の持つ非公開性、非制度性、不平等性等を受け止める準外部としてあると考えるのである。

昨今、コミュニティの問題解決機能が取りざたされることが多いが、コミュニティそのものに「互助」という言葉で準公共サービスの提供機能

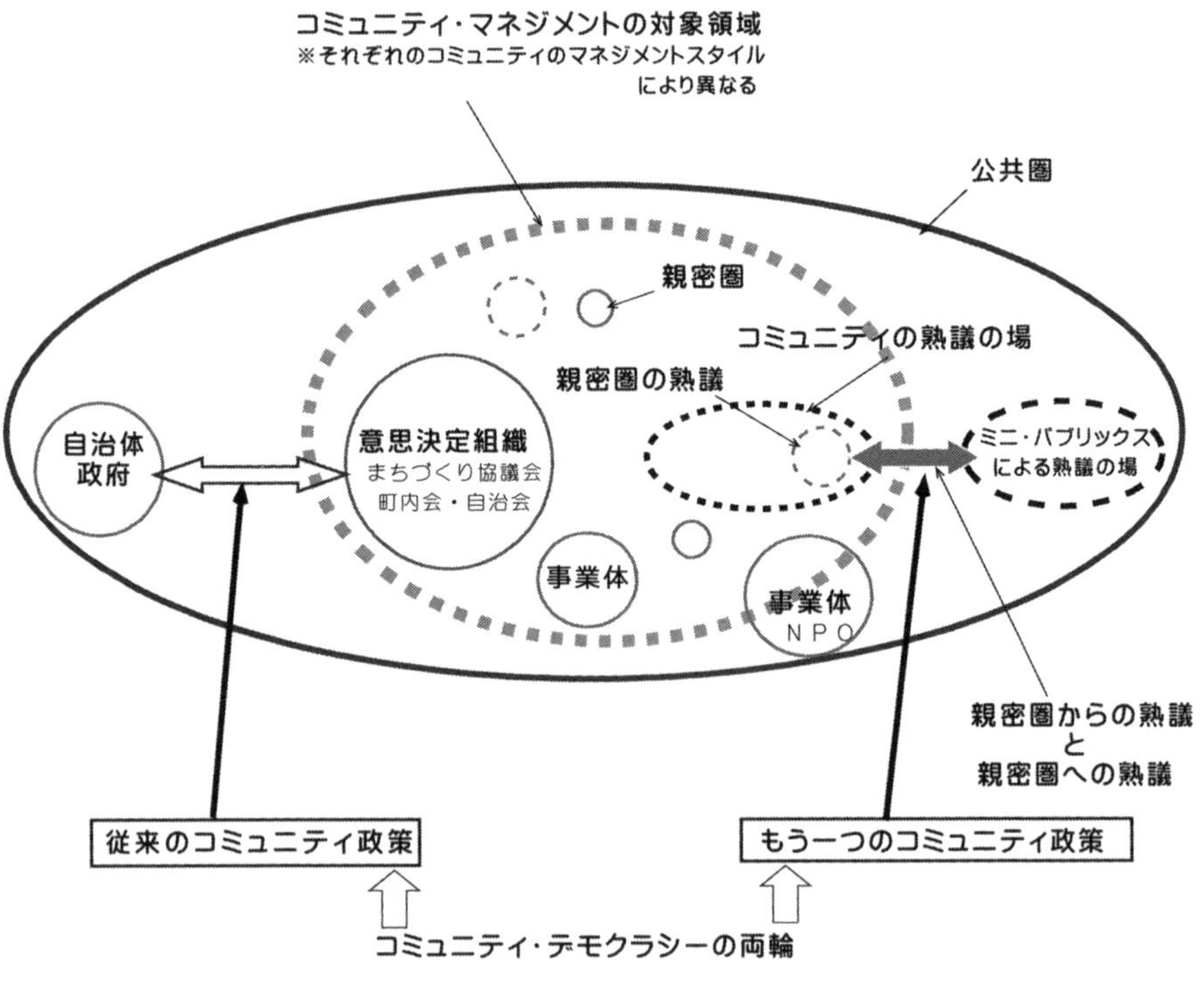

図4　コミュニティ・マネジメントとコミュニティ・デモクラシーの概念図

を求めることにはやや無理があるように思う。その意味でコミュニティは、親密圏の問題を直接解決する十分な装置にはならない。この点の認識のズレが現代のコミュニティ政策の一つの問題点としてあるように思う。従来のコミュニティ政策の方向性は、地域自治区というコミュニティの制度論にあった。もう一つのコミュニティ政策の一つの方向性として「入れ子型熟議システム」の形成という方向性を提起したい。親密圏が抱え込んでいる様々な問題、例えば認知症の家族、発達障害の子ども、親子や夫婦間のＤＶ問題、あるいは小学校の学級崩壊、保育園の子育て問題など（すべてわが町にもある問題である）外部に上手く伝えられない問題を親密圏に寄り添って、準公共圏として共有化し公共化することがコミュニティの熟議の場の役割であり、このコミュニティ圏を媒介とした「入れ子型熟議システム」の実現をコミュニティマネジメントの目的の一つとして提起したい。一方で、ミニ・パブリックスから親密圏への熟議の場創出の働きかけは、コミュニティ圏を媒介とすることでより効果的に行うことが可能である。これらのことをもう一つのコミュニティ政策として提起しておきたい。

注

1 真木悠介・大澤真幸『現代社会の存立構造／『現代社会の存立構造』を読む』朝日出版社、二〇一四年。

2 真木・大澤（二〇一四）は、「内化（Aneignung）とは、ある主体が、ある対象を、自己の内的な契機として包摂すること、そのことによって自己を豊饒化すること」であるとしている。ここでは、コミュニティをわがものとし、自身の生が豊かになる関係として捉えた。

3 伊藤雅春「コミュニティ診断アンケートの開発とコミュニティ改善への展開」『コミュニティ政策』第一六号、二〇一八年。

4 仲正昌樹『今こそルソーを読み直す』生活人新書三三三、二〇一〇年。

5 アーレントは、「拡大された心性」という概念について次のように語っている。「自分と同じような感覚器官を持ち、同じ様な思考様式を持っているであろう『他者』を想像し、そのヴァーチャルな『他者』の視点と調和するように、自分の精神の働きを調節する能力である。この『拡大された心性』のおかげで『私』たちはお互いの考えを伝達し合いながら、共通の価値観や思考様式を形成することができるのである」。

6 廣松渉『世界の共同主観的存在構造』勁草書房、一九七二年。
7 チャールズ・テイラー／田中智彦訳『〈ほんもの〉という倫理―近代とその不安』産業図書、二〇〇四年。
8 田村哲樹著『熟議民主主義の困難』ナカニシヤ出版、二〇一七年。
9 ランドルフ・T・ヘスター／土肥真人訳『エコロジカルデモクラシー―まちづくりと生態的多様性をつなぐデザイン―』鹿島出版会、二〇一八年。
10 國分功一郎著『中動態の世界―意志と責任の考古学』医学書院、二〇一七年。

3 コミュニティ・マネジメントを実現するコミュニティ政策

1　熟議の『場』としてのコミュニティ

これまで「再帰性」という耳慣れない言葉を何度か使ってきた。ここでは、この「再帰性」という言葉をキーワードに、コミュニティ・デモクラシーについて考えてみたい。さて、社会学の分野では、現代社会はポストモダニズムとは異なる再帰性の高い後期近代社会であるとする再帰的近代化論が提起されている[1]。再帰的近代化論の考え方は、反省性を特徴として持つデモクラシーの考え方と親和性がある。政治学では、熟議的民主主義は再帰性の高い制度であると考えられている[2]。不確実な状況の中で、様々なことを個人の責任で決めていかなくてはならない選択性の高い時代が再帰性の高い社会の意味であり、自分たちのことを自分たちで決めることができる制度がデモクラシーであるとすると、再帰的近代化論とデモクラシーとの間にある、親和性の意味を多少理解することができる気もする。しかし、両者の間には少しズレがあるようにも思う。自分のことを自分たちのことにつなげていく方法が失われているのである。まさにこのことも再帰的近代の一つの特徴とされている。再帰的近代と熟議民主主義が再帰性というキーワードを介して親和性があるとしても、現代社会において熟議民主主義が自然に実現することを期待するわけにはいかない。

改めて、再帰性が高い社会とは何か。よって立つ明確な判断基準がなくなり、選択の自由が増大する反面、根拠が不明確なまま自己決定し続けなければならない社会であるとされている。ところで、個人の意思決定の負担が高まる再帰性の高い不確実な社会にあって、その負担を軽減する可能性のある熟議民主主義はどのような場で実現されるのだろうか。

一人で決めることと、みんなで決めることのどちらの負担が大きいと感じるかという問題を考えてみよう。あるいは、一人で悩んでいるのとみんなで悩みを共有するのとどちらが安心できるか、あるいは煩わしいかと考えてみる。みんなで悩んでみるというのは、コミュニティという場に、より相応しい問いかけ方のようにも思える。このように熟議民主主義が実現する場は、比較的身近な、幾重にも重なり合うコミュニティ圏において形成される熟議システムによって、形成されるのではないかというのが現時点における僕自身の仮説である。

ここでいうコミュニティ圏とは、親密圏と公共圏をつなぐ様々なコミュニケーションの場であって、空間的な境界を持つ地域コミュニティもそのうちの一つである。もちろん短絡的にコミュニティにデモクラシーが必要であるということを言っている訳ではない。現代という時代を再帰的近代として理解するならば、反省性を特徴とする、とりわけ熟議的なデモクラシーが現代社会には求められている。その上で、熟議民主主義実現の場は、国家や自治体政府のような制度的な場ではなく、多段階に重なり合う市民のコミュニケーションの場であり、コミュニティはその主要な場の一つとなるのではないかと言いたいのである。コミュニティを単なる地域内分権の制度の場として捉えるのではなく、熟議民主主義の主要な舞台、市民社会の重要な政治的装置として位置付けるのである。

一方で熟議民主主義は、ミニ・パブリックスのフォーラムを主要な熟議の場として現在のところ展開されてきているが、より本来的な意味で熟議民主主義を実現するためには、熟議の場をより多層な日常的なものとして構成し、熟議システムを形成していかなくてはならない。デモクラシーの反省性と包括性を更に高めていくことを再帰的近代である現代社会は求めているのである。

私たちの町でこの二〜三年議論を重ねてきた保育園建設問題を例に考えてみよう。ワークショップなどの熟議の場が上手く機能しない事例はそれほど多くはないと思うが、情報の不足している中で、一部の住民が「戦略的に動機づけられた不誠実」[3]の態度をとって組織化されているような場合には、熟議の『場』を実現することの困難が時に発生する。このような場合、ただ熟議の場がワークショップなどのミニ・パブリックスの場だけであるとすると、熟議が失敗するだけに終わってしまう恐れがある。誰もが緊張感の高まった重たい空気の流れる話し合いの場には参加したくないと思うのは当然であり、ミニ・パブリックスの場に多様な参加者に出席してもらうことはなかなか難しいという現実に直面する。しかし、地域コミュニティの場合、話し合いの場が上手くいかなくとも、多層なコミュニケーションの場を別に組織することは可能である。コミュニティ圏は、そうした意味において「生活政治」の場であることに改めて気づかされたのである。

コミュニティは熟議システムの形成によって熟議民主主義の重要な舞台となる可能性を持っている。熟議システムの中で個人の意見変容が引き起こされ、個人は「市民」となり、個人の意見は集団の意見を形成することができるのである。

このように考えると、わたしとわたしたちをつなぐミクロ―マクロ媒介問題は、熟議システムの働きによって解決される可能性があるように思われる。こうしたことをコミュニティ・デモクラシーの具体的な場面としてイメージし、コミュニティ・デモクラシーを実現する活動の総体をコミュニティ・マネジメントの対象として提起しておきたいと思う。

2 「あなた」から「わたしたち」を生み出すコミュニティ圏の熟議

⑴親密圏からの熟議と親密圏をめぐる熟議

政治理論を専門とする田村哲樹は、親密圏の熟議について「親密圏からの熟議」と「親密圏をめぐる熟議」の二つがあると整理している。[4]「親密圏からの熟議」とは、日常的な様々な場で親しい人々の間で行われる、「政治」についての意見交換や議論のことである。「親密圏をめぐる熟議」とは、親密圏において生じる出来事そのものを対象として行われる熟議である。コミュニティ圏の熟議についても同様に考えることができるのではないかというのがここでの論点である。

⑵親密圏の問題をコミュニティで受け止めるためのワークショップ

先日、地域で「不登校・引きこもり・発達障害、関わり方ワークショップ」という集まりを開催した。参加者は二〇名ほどだったが、見ず知らずの人がそれぞれの抱える個人的な悩みについてグループで熟議する試みである。この企画の意図は、親密圏をめぐるテーマをコミュニティ圏の熟議の『場』で行うことにあった。結果として実際には、やや広域の公共圏的な広がりを持つ地域からの参加者構成となった。親密圏をめぐるテーマに関する熟議が見ず知らずの他者との間で成立するかという懸念があったが、その点は取り越し苦労であったようだ。予想されたことではあるとはいえ、コミュニティ圏からの参加者は少数であった。一方で、近所にお住まいの小児科の先生が参加し、予期せぬ出会いもあった。若き小児科医が言うには、不登校や引きこもりは医療では治せないということだ。そこでこのワークショップのチラシを掲示板で見て、臨床心理士の話を聞きに来たと話されたことが印象に残った。医療では薬を処方することはできるが、患者として来る人の話は一〇分間も聞くことができないという。カウンセリングにしても月に一〜二回、一〜二時間程度の対応ができるに過ぎない。日常的に向き合うことができるのは親密圏にある家族しかいないのである。そしてその親密圏の家族を見守るコミュニティ圏の他者である。

より困難なのは、親密圏と呼べるものが崩壊している場合である。例えば、本人が成人の引きこもりで、その両親や兄弟等が既に亡くなっていたり、近くにいないような場合だ。この場合は、コミュニティ圏の他者が代わりに問題を受け止められるかどうかにかかってくる。これに対して、認知症の勉強会のようなコミュニティ圏の熟議には、いつ何時我がことになるやもしれぬ事態に備えて、親密圏をめぐる熟議の『場』を促すような効果を持つことが期待できる。

先にも述べたようにこのワークショップでは、親密圏をめぐるテーマをコミュニティ圏をめぐる熟議として展開するというねらいがあった。これに対して、通常のワークショップや市民討議会は、公共圏をめぐる熟議を行う『場』である。発達障害や引きこもり、不登校などの問題は、医療とカウンセリングを手段として、親密圏とそれを見守るコミュニティ圏の熟議の『場』の多層な組み合わせ、いわゆる熟議システムによって対処していくしかないことは明らかである。無作為抽出による参加者構成は、公共圏をめぐるテーマの熟議には向いているが、親密圏をめぐるテーマをコミュニティ圏で熟議する場合、最終的には見守りコミュニティの再構築が必要となるので、多様な意見形成を主な目的とする無作為抽出方式が向いているとは限らない。その為のワークショップの参加者構成の方法を考えなくてはならない。

(3)コミュニティ圏からの熟議とコミュニティ圏をめぐる熟議

これまでは、ミクローマクロ媒介問題として「わたし」の意見が「わたしたち」の意思となる問題を扱ってきたが、「あなた」の問題が「わたしたち」の問題になることとして、親密圏をめぐるテーマをコミュニティ圏で熟議することを考えてみるとどうなるだろうか。ミクローマクロ媒介問題の主要な課題は、「わたし」の意見が「わたしたち」の意思になる正統性の問題にあった。そこでは、「熟議」を媒介として生み出される「信頼」を通して、決定を熟議の『場』に委ねることをミクローマクロ媒介問題解決の可能性として第2章で提起したのである。これに対して、「あなた」の直面する問題を「わたしたち」の問題として引き受けるという場合の困難はどこにあるのだろうか。

どうやらコミュニティ圏の熟議には二つの性格があるようである。一つは、公共圏をテーマとしたコミュニティ圏からの熟議と、もう一つは親密圏をテーマとしたコミュニティ圏をめぐる熟議である。

コミュニティ圏の熟議には、形式上三つの場合が想定できる。

①公共圏のテーマをコミュニティ圏で熟議する場合
②コミュニティのテーマをコミュニティ圏で熟議する場合

③親密圏のテーマをコミュニティ圏で熟議する場合

①は、「わたし」を「わたしたち」へと拡散する問題をミクロ—マクロ媒介問題として、これまでに何度か論じてきた。③の場合は、親密圏を外部と接続させる必要性の指摘や[5]、親密圏自体が劣化しているという現実を前にして、コミュニティ圏の中に擬似親密圏としてのあらたなコミュニティを形成する問題を考える必要がある。②は両方の場合が考えられるが、①を「コミュニティ圏からの熟議」および③を「コミュニティ圏をめぐる熟議」と呼ぶこととして話を進めることとする。「コミュニティ圏からの熟議」には、「信頼」により「わたし」を「わたしたち」へと拡散するミクロ—マクロ媒介問題が存在している。一方「コミュニティ圏をめぐる熟議」には、「あなた」から「わたしたち」をつくり出すことが求められている。リチャード・ローティという哲学者は、「彼ら」を「われわれ」に広げることを「連帯」と呼び、これは理性ではなく「想像力」の問題であると論じている。[6]

この二つのコミュニティ圏の熟議の違いを**図5**に示した。アウトプットとして期待される「わたしたちＡ」と「わたしたちＢ」は明らかに異なる。豊山町の社会実験で僕がこれまで提案していたのは、「コミュニティ圏からの熟議」であり「わたしたちＡ」への拡散の問題であった。通常、身近な生活圏で必要とされるコミュニティ圏の熟議は、「コミュニティ圏をめぐる熟議」であり、「わたしたちＢ」の形成を目的とした熟議の『場』である。玉川まちづくりハウスが取り組んできた活動の多くはこのタイプにあたる。

・コミュニティ圏からの熟議：
　「わたし」を「わたしたち」へと信頼によって拡散し正統化する「わたしたちＡ」の形成

・コミュニティ圏をめぐる熟議：
　「あなた」から「わたしたち」を想像力によって連帯し形成する「わたしたちＢ」の形成

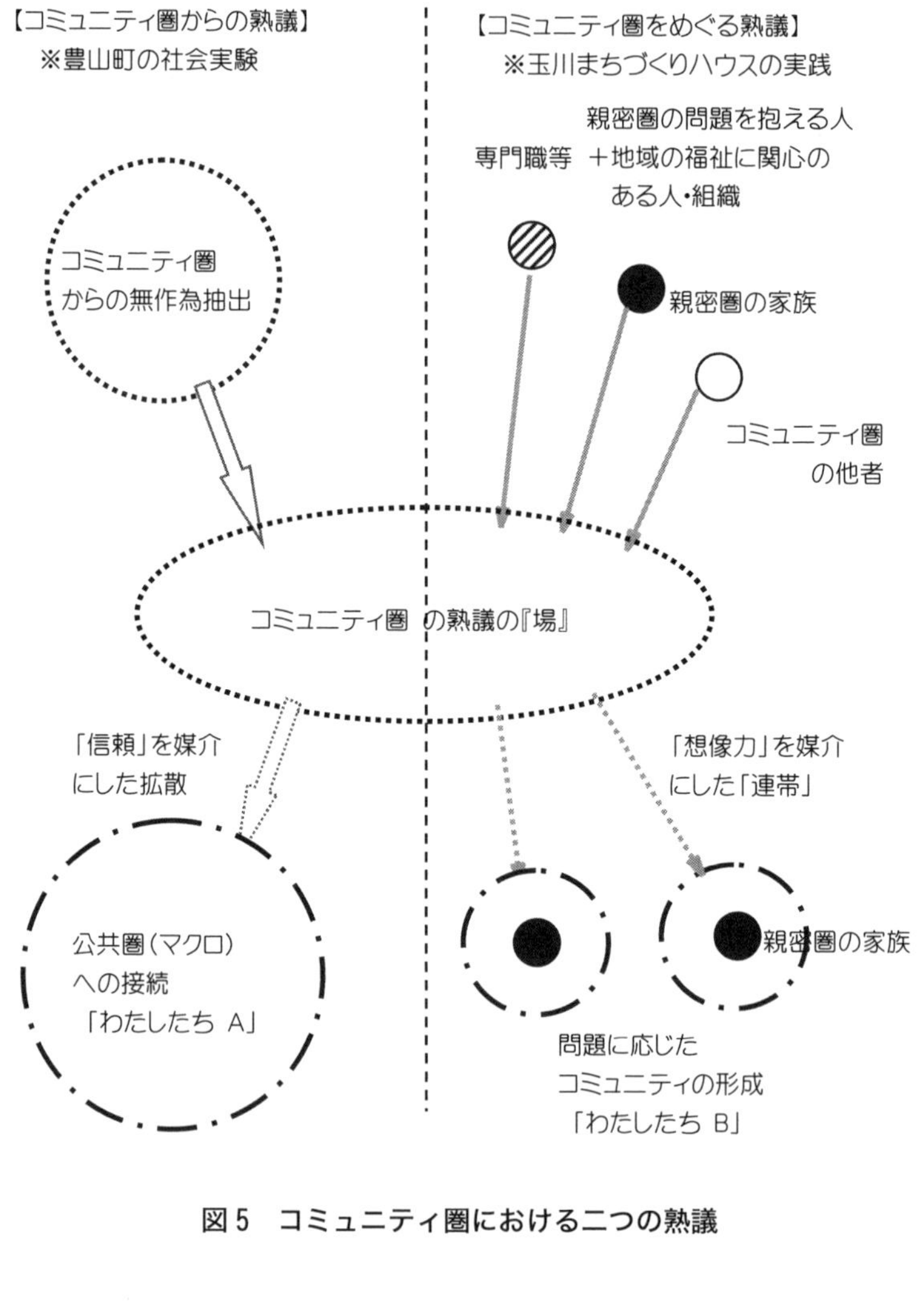

図５　コミュニティ圏における二つの熟議

3　コミュニティ圏における熟議システムのイメージ

玉川まちづくりハウスは、一九九一年春、すまいや身近な暮らしと環境の改善や保全に取り組む地域住民の活動を支援する非営利市民活動組織としてスタートした。世田谷区まちづくりセンター構想を実現する住民参加の実践の場として、地区内在住のまちづくり専門家を中心に立ち上げた組織である。

玉川まちづくりハウスの活動を振り返ると、まさに「アーバン・ハズバンダリー～耕すように町を育てよう～」の理念の下、まちづくりとは何かを模索してきた三〇年間だったように思う。二〇年近く前に、ある本に「コミュニティの元気」というテーマで次のような文章を書いたことを覚えている。[7]「コミュニティの元気は、そのコミュニティの中にどれだけの組織体が内包されているかという点が一つの指標になるとともに、これらの組織体が実質的にどれほどの活力をもって活動しているかが重要な点である。そのうえで私たちの経験は、これら組織体どうしのコミュニケーションの機会がどのように用意されているかを見ていくことが必要であることを教えてくれている」「まちづくりは、組織体どうしの優れたコミュニケーションシステムの源泉であり、まちづくりNPOのようなネットワーク型の組織体は、コミュニティにコミュニケーションシステムをつくり出す原動力である。これが『コミュニティとまちづくり』という課題に対する私たちの現在の到達点である」、この文章のコミュニケーションシステムという言葉を熟議システムと読み替えることによって、熟議システムの具体的イメージを理解してもらえるのではないかと思う。

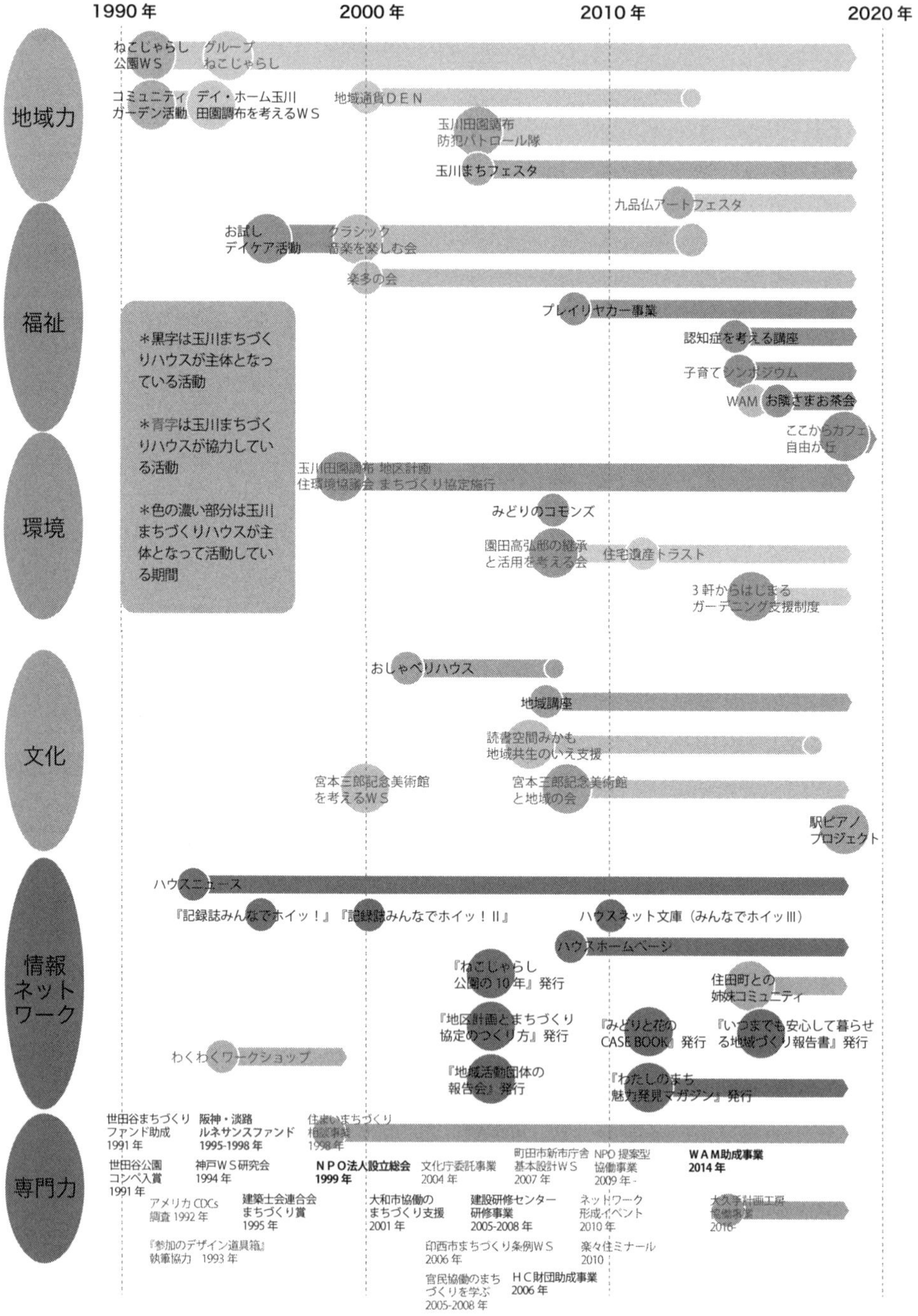

図6　玉川まちづくりハウスの活動がこの地域で生み出してきたソーシャルキャピタル

例えば、僕たちのコミュニティでいえば、玉川まちづくりハウスの三〇年近い活動がたくさんの活動と組織をコミュニティの中に生み出してきた。

ここでは、これらの活動がいつも同じ顔ぶれでなされるのではなく、それぞれの活動の内容に合わせて異なる参加者のコミュニケーションの場が生まれ、地域住民の参加の包括性が全体として高まってきたことが重要であることを確認しておきたい。

話しを具体的なレベルに戻そう。コミュニティのマネジメントには、『しくみ』のマネジメントと『場』のマネジメントがあるとすると、玉川まちづくりハウスが取り組んできたのは、コミュニティにさまざまな『場』を生成し自己組織化するよう育て増やしていく活動であったということになる。玉川まちづくりハウスは、この三〇年間にたくさんの『場』をコミュニティの中に生み出すお手伝いをしてきた（図6）。『場』のマネジメントを担うのがコミュニティ・マネージャーであるとすると、玉川まちづくりハウスの活動はそうした役割を果たしてきたのだといえるのではないだろうか。

4　コミュニティを巡る三つのマネジメント

第2章の『信頼』によってつながるコミュニティ」で僕は、市民社会（公共圏）とコミュニティ（圏）は異なるものとして整理した。同時に、はじめにの「親密圏と公共圏」では、基本的にはコミュニティ（圏）も市民社会（公共圏）も種々雑多な他者によって構成されている、とも書いている。市民社会とコミュニティ圏の違いはどこにあるかと言えば、コミュニティ（圏）は市民社会（公共圏）とは異なり、ある種の関係性（媒介的であり且つ対自的な社会性）

を生み出すことが期待されているということだろう。それに対して、家族のような親密圏の関係性は、直接的であり即自的であるとされる。つまり他者性のない個人と個人の全面的な関係性である。

コミュニティ（圏）を市民社会（公共圏）から区別するためには、コミュニティ（圏）の中にいくつかの『場』を絶えず発生させることによって、対自的な（個人が全体から疎外されていると感じないような）関係性を維持し続けていくことが必要となる。これが即ちここでいう『場』の役割が、媒介的であるということの意味ということになる。第2章で僕は、市民社会の媒介手段である「貨幣」に対置して、コミュニティの媒介手段を「熟議」ではないかと提起した。今回、コミュニティが『場』の容れものであることの意味を再考するにあたって、この時提起した「熟議」という媒介（コミュニケーション）手段の幅を少し広げて、『場』を媒介手段として捉え直したということになる。

つまり、市民社会の中にコミュニティを生み出すためには、『場』を媒介手段としてある領域（コミュニティ圏）に、対自的な関係性を生み出し維持し続けていかなくてはならないということになる。このことを「コミュニティのマネジメント『場』」と呼び、これがコミュニティが『場』の容れものであるということの意味として整理しておきたい。

最近、ここでいう『場』をコミュニティ（↗：語尾を上げる）と呼ぶ傾向があるように感じている。しかし、容れものとしてのコミュニティ（↘）の概念をとばして『場』そのものをコミュニティ（↗）と捉え直すことには何となく抵抗を感じている。この抵抗感の理由を考えてみるに、一つには、熟議民主主義の主要な舞台はコミュニティ圏にあると考えることによって、ミクローマクロ媒介問題解決のフィールドをコミュニティ圏に見い出すことが可能になるのではないかという仮説を提起したいという思いがある。二つ目には、コミュニティが『場』の容れものであるという考えを前提とすることで、『場』のマネジメント概念[8]をコミュニティ・マネジメント

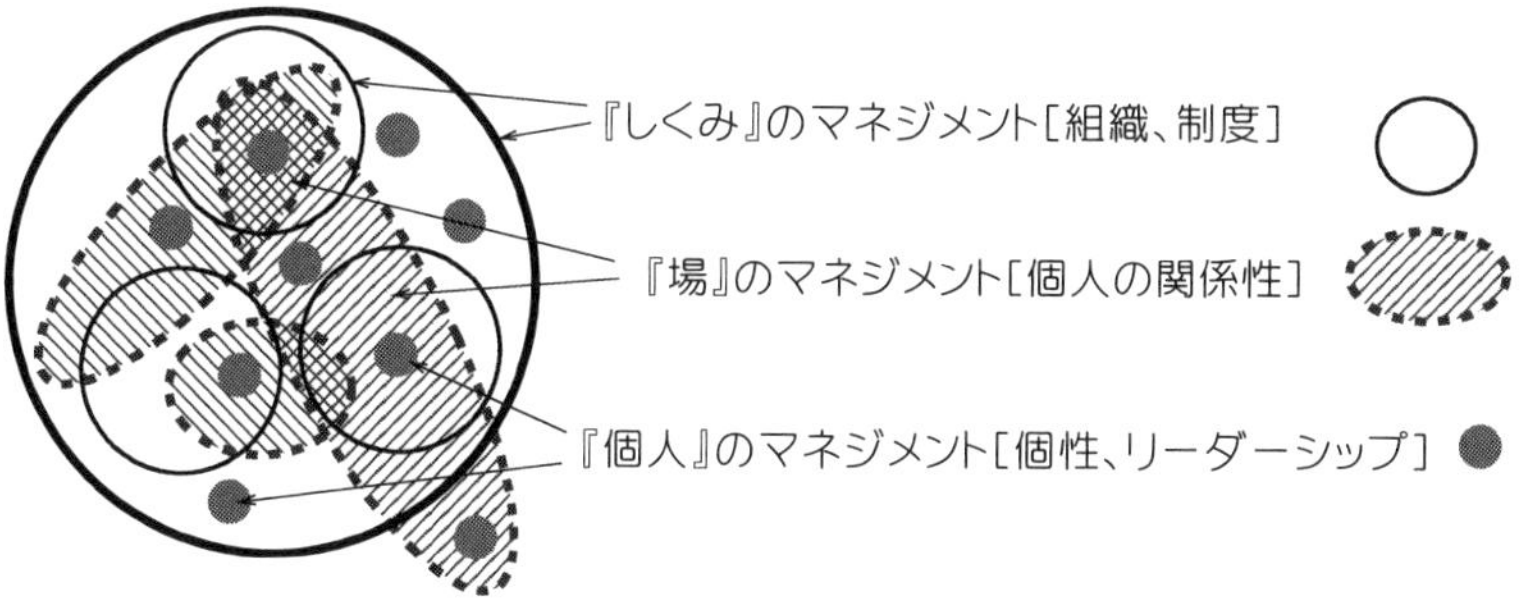

図7　コミュニティを巡る三つのマネジメント

に援用し展開することが可能になるのではないかという思いもあるからである。

コミュニティ（↗）にはいろいろなものがあるという場合の問題意識は、むしろコミュニティ（↘）をさまざまな『場』として捉える、即ちコミュニティを『場』に分解して考えようとすることの現れだと見ることもできるのではないか。

コミュニティのマネジメントを『しくみ』と『場』と『個人』の三つの層に分けてその関係を図に表してみよう（図7）。

『しくみ』のマネジメントは、コミュニティの制度や組織などシステム的な視点である。『場』のマネジメントは、コミュニティの構成員の関係性の束、ネットワークなど生態系的な視点である。『個人』のマネジメントは、個人のリーダーシップや資質など個人に還元される要素的な視点である。

コミュニティを『しくみ』を通してマネジメントするという従来のコミュニティ政策の観点から、『場』のマネジメントという視点を手がかりとしてコミュニティ政策にアプローチするという観点があり得るのではないか。『しくみ』のマネジメントは、コミュニティという器を可視化するような制度化、組織化のアプローチであり、『場』のマネジメントは、コミュニティ・デザインに代表されるような『場』づくりのためのエンパワーメントを目的としたアプローチである。

注

1 イギリスの社会学者アンソニー・ギデンズとドイツの社会学者ウルリッヒ・ベックが代表的な再帰的近代化論の論客である。
2 宇野重規・田村哲樹・山崎望『デモクラシーの擁護 再帰化する現代社会で』ナカニシヤ出版、二〇一一年。
3 「戦略的に動機づけられた不誠実」とは何か?田村哲樹の著書『熟議の理由』によれば、「オッフェの言う『不誠実』とは、命題Aと命題Bとが両立しないことを『知っている』にもかかわらず、両者を支持するような態度、あるいはこの両者が両立しないことは『知らない』が、両命題の関係について調べたり情報を得ようと思えば可能な場合にそれを行わないような態度のことである」とされる。ここでいえば、表向きの要望は保育園建設に対して反対とは言わないが、問題は「合意形成を図った上での手続きの進行」といった実質的な計画引き延ばし等、保育園事業者にとって受け入れ困難な要望を条件としている点である。
4 田村哲樹『熟議民主主義の困難』ナカニシヤ出版、二〇一七年。
5 田村哲樹、前掲書。
6 東浩紀『一般意志2・0 ルソー、フロイト、グーグル』講談社、二〇一一年。
たとえば、ローティはつぎのように記している。「人間の連帯は『偏見』を拭い去ったり、これまで隠されていた深みにまで潜り込んだりして認識されるべき事実ではなく」、「見知らぬ人々を苦しみに悩む仲間だとみなすことを可能にする想像力によって、達成される」。わたしたち人間は、決して見知らぬ他者への偏見をなくすことはできない。また、あらゆる人間に共通する本質を発見し、それを根拠に友愛を基礎づけることもできない。けれども、人間のもつ想像力は、目のまえの他者の苦しみへの共感を生みだし、さまざまな場面で「彼ら」を「われわれ」に変える役割を果たす。人々は、信念や生活様式を共有できなくても、具体的な苦悩を通じ、たがいに感情移入しあうことでともに生きていくことができる。彼はさらに付け加える。「われわれが信じ欲していることをあなたは信じ欲しますか」という問いでは連帯は生まれない、むしろ「苦しいのですね」という単純な問いかけこそが連帯を生むのだと。人間は理性によっては決して連帯できない(理念はすべて相対的であり熟議は決しておわることがないから）けれども想像力によっては連帯できる。これがローティの主張である（二三五―二三六頁）。

7　林泰義他『市民社会とまちづくり　新時代の都市計画2』ぎょうせい、二〇〇〇年。

8　伊丹 敬之『場の論理とマネジメント』東洋経済新報社、二〇〇五年。

まとめ――やっぱり僕は、ハンカチ落としがしたい！

1　高校時代の疑問

高校時代に頭を悩ませた問題に、「ハンカチ落とし」の論理は「昼寝」の論理に勝てるか？という思考実験がある。これは、現在に至るまで自分自身の中で回答の得られていない問いでもある。当時は、学生運動の嵐は既に去り、何かを求めて連帯するというよりも多くの学生が個々の殻に閉じこもっていく風潮が支配的になりつつあった時代であった。「ハンカチ落とし」とは、多くの学生で何かをすることとの比喩であり、一定の人数の参加がなければ実現できないことの喩えである。一方、「昼寝」は、個々の判断でそれぞれが実行できる活動の象徴であり、「昼寝」派が増えていけば、必然的に「ハンカチ落とし」が成立しなくなるという関係が二つの間にはある。そこで僕が感じていたのは、「ハンカチ落とし」をするか「昼寝」をするかは、決して話し合って合意されることではなく、「昼寝」をすることだけが個人の判断で一方的に実現できるのは、「ハンカチ落とし」

派にとってはどこか不公平ではないかという漠然とした不満であった。ここで補足しておかなくてはならないのは、「ハンカチ落とし」として想定しているのは、掃除等の役務とは違い、みんなのために行うというボランティア的な活動でもなく、「昼寝」派が必ずしもフリーライダーというわけではないということである。いってみれば「ハンカチ落とし」は道徳的にすべきことという性格の活動ではなく、参加者が多いほど楽しいといった、例えば学園祭のような活動を想定したものである。一方、「昼寝」は、ただ何もせずサボっているイメージというより、受験勉強や宿題など自分一人でしなくてはならないことを優先して、自分にとって役に立たないと思われることはしないという態度のことを喩えている。個人の判断でできることに対して、みんなでしなければ得られないことを望むことは、なぜ対等に扱われないのか。当たり前のことかもしれないが、未だにこの疑問に対する明確な答えは僕の中にはない。

この問題を改めて考えてみたい。例えば、「ハンカチ落とし」派と「昼寝」派をコミュニタリアニズムとリバタリアニズムになぞらえてみる。或いは「ハンカチ落とし」派を田村哲樹が擁護する熟議民主主義[1]を支持する考え方、「昼寝」派を東浩紀が提起する「民主主義2・0」[2]を支持する考え方にあてはめて考えてみるとどうなるだろう。「ハンカチ落とし」派の問題点は、熟議民主主義を押しつける所謂パターナリズムにありそうである。一方、「民主主義2・0」のアイデアは、「昼寝」派がスマホを活用しSNSで個々バラバラに意思表示をすることでデータベース化し、組織化されない市民がマルチチュード[3]として立ち現れるというアイデアのようにも思える。「ハンカチ落とし」は決して全体には広がらないであろうという判断がその前提にはある。「民主主義2・0」を提唱する東は、「昼寝」派の中にマルチチュードを生み出す論理を模索しているといえるだろう。一方、熟議民主主義を擁護する田村が提示しているのは、「ハンカチ落とし」派をできる限り拡大して、マルチチュードに変容させる戦略を構想しているようにも思える。「ハンカチ落とし」派をマルチチュードに変容させるためには、「ハンカチ落とし」を単純に拡大するのが難しいので、もっといろいろな工夫を凝らして「ハンカチ落とし」システム（熟議システム）を生み出す必要があると田村は考える。「ハンカチ落とし」の多層化である。「ハンカチ落とし」派を増やすために、「ハンカチ落とし」をもっと身近なものとする戦略ともいえるだろう。

「昼寝」が単純に悪いということではないが、当時は何もしなければ「昼寝」派ばかりになってしまうというもどかしさがあったことを覚えている。「ハンカチ落とし」派はなぜか「昼寝」派に対して分が悪い。「ハンカチ落とし」は楽しいはずなのに、いろいろ面倒だという気持ちが先に立ってしまい広がらないことと、「昼寝」派の個人主義を乗り越える論理を簡単には持ち得ないことが壁として立ちはだかっていたように思う。しかし、なぜ「ハンカチ落とし」をする必要があるのかという問いは依然として残る。熟議民主主義の場合は、それをすべきだということではなく、再帰性の増大する現代において熟議は最善の選択肢だという時代認識が前提となり、熟議民主主義の擁護が論じられている。法律や経済や伝統などのように半ばアプリオリに共有化されているわけではない熟議という方法を、必要とされているとはいえ社会を構成するためのインフラとして正統化しなくてはならないという困難を熟議民主主義は抱えているのである。「ハンカチ落とし」の論理と「昼寝」の論理のレトリックには、この部分の論理が欠けている。熟議は誰にとっても必要なものか？同様の問いとして「ハンカチ落とし」は誰にとっても必要なものか？この問いに応えられる論理を考えなくてはならない。この問題は、熟議民主主義を推奨するパターナリズムは正当化されるかという問いにも重なってくる。田村は、熟議民主主義を推奨するために正当なパターナリズムという概念を提起している。だとすると、「ハンカチ落とし」派の正当的パターナリズムには具体的にどのようなことが考えられるだろうか？「ハンカチ落とし」をしようという呼びかけ、或いはきっかけづくりにはどのようなアイデアがあり得るのだろうか？

「ハンカチ落とし」をナッジ[4]するものは何か？と問い直してみるとどうだろう。第一に「ハンカチ落とし」をとにかくやってみる機会を作るということが考えられる。「ハンカチ落とし」の体験者を広げることは重要である。豊山町の町民討議会議の継続開催はそれに相当する。第二に「ハンカチ落とし」に参加する自由とともに「ハンカチ落とし」に参加しないという自由（消極的自由）を保持することも大切なことだ。無作為抽出という方法には参加しない自由が残されている。第三に「ハンカチ落とし」によってより大きな自由（積極的自由）を獲得できることをわかりやすく示すことも重要となるであろう。豊山町の場合、まちづくりサポーターの発足はこうした可能性の兆しかもしれない。より具体的に考えると、「ハンカチ落とし」派の戦略としては、身近な親密圏から「ハンカチ落とし」派を少しずつ広げていくことが考えられる。確かに全員が「ハンカチ落とし」をするという想定にはどこか無理があり、「昼寝」派を駆逐することが最終的な目的ではないと考える方が自然だろう。常時あちらこちらでハンカチ落としが発生し、まれに台風のように大きな規模になるというような状態をイメージすることができるのではないだろうか。その意味では、「ハンカチ落とし」派と「昼寝」派は、二律背反的な対立関係ではないと考えるのが妥当なようだ。

その上で更に浮かぶ疑問もある。

①「ハンカチ落とし」は自然発生的には起きないのだろうか？
②「ハンカチ落とし」に参加する人は、全体の五〇％以上になり得るだろうか？
③「ハンカチ落とし」の制度化には、正当性があるのだろうか？
④より楽しい「ハンカチ落とし」のルールを開発することは可能だろうか？

現時点で僕のできるアプローチは、「ハンカチ落とし」を体験する人を増やすことで何が変わるのかを検証することである。その変化は、参加する個人の内部と、それぞれの関係性によって成立している社会の両方に現れてくるだろう。もし、「ハンカチ落とし」が活発に行われる社会の方が安心感や充実感を持って生きていくことができることがわかれば、「ハンカチ落とし(市民討議会)」に関心を持つ人が次第に増えていくに違いない。

2 熟議の『場』を生み出すために

熟議をすれば合意形成できるというものではないという意見は根強くある。例えば、東浩紀は意見の相違には事実に関することと価値に関することがあると指摘している。「人間は事実は共有できる。けれども価値は必ずしも共有できない。同じ事実から異なった価値が導かれることはあるし、その差異を認めなければ人々の共生はあり得ない。……人間は本当に、正しい事実に基づき正しく議論すれば、みな同じ結論に到達するのだろうか。ぼくはそうは思わない。そうであれば宗教の争いなどあるはずがない。正義はつねに複数なのだ」[5]というわけだ。齋藤純一は、討議は合意形成を前提とするものではなく、「討議は合意が形成される過程であると同時に不合意が新たに創出されていく過程でもある。合意を形成していくことと不合意の在り処を顕在化していくことは矛盾しない」[6]と言い、不合意にも価値を与えている。

しかし、現実に合意形成が問題となるのは、一定の期限内にある判断を下さなければならないような場合である。この場合の対処法として、まずは合意の意味を拡大することが考えられる。理念や価値観には同意できなくとも、結果として同じものを選択する「異なる理由に基づく同意」[7]や「非自発的同意」[8]といわれるような、いわゆる納得はしていないがやむを得ず同意するという立場も合意形成の幅を広げる可能性として認めていく考え方である。次に、仮に不合意が残るとしても、合意の蓋然性をできるだけ高めることができるような熟議の『場』をつくり出すことを重要視することが考えられるだろう。

さて、改めて熟議の『場』について考えてみよう。この本のはじめに、僕は熟議の『場』についてこんなことを書いた。「これは、あくまでも参加者が相互に生み出したものであり、特定の個人に還元できない参加者の『間』に生まれるなにものかである。」コミュニティは個々の人間の単なる集合体のことではなく、個人の関係をつなげる波のような『場』の重なりとして考えるべきではないだろうか。『場』が個人に還元されない関係性を生み出すのである。こう考えれば、非人称の見知らぬ他人との信頼関係の可能性をイメージすることができる。この『場』の中で自分と他者とを結ぶ意識が生み出されると考えるのである。熟議の『場』は振動する場[9]であり、参加者はこの『場』で関係を与えられ、相互の関係性（共同主観性）が変容していくというイメージである。

中村雄二郎によれば、共同主観性の拡大は言葉によって行われるという[10]。具体的にワークショップの場を考えてみよう。まず、熟議の『場』は、ワークショップのそれぞれのテーブルで発生する。次にワークショップの会場全体に拡大する。この時、会場全体に熟議の『場』を拡散する有効な方法として頻繁なグループメンバーの席替えが効果的であることがわかっている。次に、公共圏に対してワークショップの結果がニュースにより、書き言葉の拡散という形で行われる。ミニ・パブリックスの『場』から公共圏への合意の拡散は、ミクローマクロ媒介問題としてこれまで考えてきた問題である。豊山町や伊予市の社会実験によって試みているのは、コミュニティ圏を措定することによって、ミニ・パブリックスの結果を公共圏へとつなげていく可能性の検証である。

コミュニティ圏規模の範域におけるミニ・パブリックスの継続開催によって、親密圏の熟議の『場』を創発し、この親密圏の熟議の『場』の拡散により、コミュニティ圏の熟議の『場』を多層化し（熟議システムの形成）、さらに公共圏に拡大する戦略である。しかし、コミュニティ圏の熟議の『場』の拡散度合いを検証することは容易ではない。そこでミニ・パブリックスの開催の仕方に工夫を加えて、コミュニティ圏の熟議の『場』の源泉となる親密圏の熟議の『場』を創発する具体的な方法を提案してみたい。今まで無作為抽出で参加者を集めていた豊山町の町民討議会議の参加者構成に工夫を加えるのである。つまり、参加者の一部を無作為抽出ではなく、今まで参加したことのある人にお願いし、身近な人に対してミニ・パブリックスへの参加を誘ってもらうという工夫である。例えば、五〇名の参加者の内三〇名を従来の無作為抽出で選出し、二〇名は参加経験者に推薦してもらうのである。参加者を誘う参加経験のある市民は、自身の親密圏の中から参加者を選択することになるだろう。この関係は、親密圏の熟議の『場』を形成するナッジの役割を果たすのではないかという期待がこの提案には込められている。

合意形成を単に意見の一致と考えることは、あまり意味のあるものではないように思われる。合意形成にも様々な状態が想定でき、むしろその前提となる熟議の『場』の創発こそが熟議民主主義の土台であるということを現時点での結論としておきたい。

3　コミュニティ政策と熟議民主主義を巡る四つの論点

コミュニティを巡るリバタニアニズムとコミュニタリアニズムの問題は、古くから論じられているところではあるが、コミュニティにおけるデモクラシーの問題は、深く論じられてこなかったように思う。しかしコミュニティ・デモクラシーは、今後重要となるであろうコミュニティ・マネジメントを現実化していくにあたって、避けることのできない課題である。確かに、現在コミュニティの運営にデモクラシーが根付いているとは言えない。むしろコミュニティとデモクラシーはどこか相性が悪いと感じている人が多いのかもしれない。コミュニティの運営は一部の住民に閉じられている。あるいは多くの住民のニーズに応えていない。メリットが感じられない、自治が充分に行われているとは言えない等々。

　昨今コミュニティに新たな自治的機能が求められているとしても、官僚的な運営がなされることを望む人はいないだろう。やはりそこにはデモクラシーが必要である。問題があるとすれば、コミュニティの運営を民主的に行うためには、手間と時間がかかるという懸念にどう答えることができるかであろう。

　民主主義にもいろいろなスタイルがあると言われている。熟議民主主義の概念は自由民主主義の概念よりも広いとする見方は、従来の民主主義の捉え方に変化をもたらすものである（**図8**）。従来の議論は、自由民主主義をいかに熟議的に発展させるかという枠組みの中で行われていたと、田村は指摘している[11]。この二〇年ほどの間に中国を含む東アジアにおいて、様々なスタイルの熟議民主主義の展開と発展が見られるとする専門家の見解は興味深い[12]。

　そこで改めてコミュニティ・デモクラシーを考えてみると、コミュニティと熟議民主主義の親和性は高いように思うのである。第3章の「熟議の『場』としてのコミュ

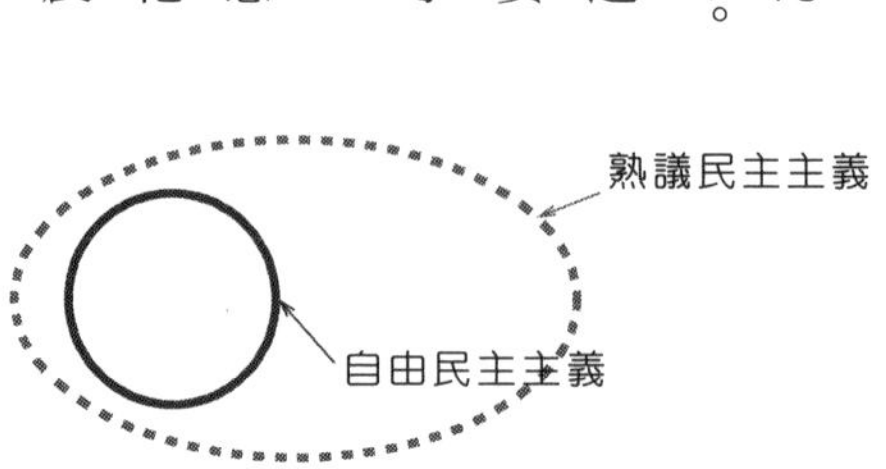

図8　自由民主主義と熟議民主主義の関係

ニティ」で、僕は「コミュニティを単なる地域内分権の制度として捉えるのではなく、熟議的デモクラシーの主要な舞台、市民社会の重要な政治的装置として位置付けるのである」と書いた。コミュニティと相性が悪いのは、自由民主主義的な部分であり、より広い概念である熟議民主主義という枠組みで考えると、コミュニティと熟議民主主義は親和性があると言えないだろうか。田村の指摘に従えば、コミュニティ圏は、「公／私区分という自由民主主義の境界線を乗り越える射程を生み出す」可能性を持った『場』であるということになる。即ち、公／私区分を乗り越えるための装置としてコミュニティ圏を位置付ける、というのがコミュニティと熟議民主主義の親和性の意味である。

最後に、コミュニティ政策と熟議民主主義という視点から、これまでに本書で問題提起してきたいくつかの論点を四つのテーマに整理しておきたい。「正統性」、「共感・連帯」、「決定プロセス」、「共同主観性」の四つである。『コミュニティ圏からの熟議』は、第3章で述べたように「公共圏のテーマをコミュニティ圏で熟議する場合」の問題である。『コミュニティ圏をめぐる熟議』とは、「親密圏のテーマをコミュニティで熟議する場合」の問題である。『コミュニティ圏からの熟議』は制度的問題であり、『コミュニティ圏をめぐる熟議』はより身体性に近い問題ともいえる。

正統性の問題は公共圏のテーマをコミュニティで熟議した場合、どれだけの包括性を確保できるかの問題であり、コミュニティ政策として考えるべき問題である。決定プロセスの問題は、議会との接続の問題であり、熟議民主主義の課題となる。共感・連帯の形成は『コミュニティ圏をめぐる熟議』で求められる課題であり、コミュニティ政策との関係が深い問題である。共同主観の形成は、『コミュニティ圏をめぐる熟議』であり、熟議民主主義の問題として整理した。

	コミュニティ政策の課題	熟議民主主義の課題
コミュニティ圏からの熟議	**正統性の創出** (包括性の確保)	**決定プロセスへの接続** (実現性の確保)
コミュニティ圏をめぐる熟議	**共感・連帯の形成** (擬似親密圏の形成)	**共同主観の形成** (意見変容の発生)

[正統性の創出]：ここでは民主主義の包括性が問われる。いわゆるミクロ－マクロ媒介問題である。日本のような代表制民主主義（自由民主主義）においては、ハーバーマスの複線モデルを根拠として、非制度的な一般的公共圏としてのミニ・パブリックスの『場』における多様な意見形成による正統性の創出が期待されることになる。

[共感・連帯の形成]：コミュニティ圏の熟議の『場』を考えた場合、「わたしからわたしたちを生み出す」正統性の創出とは別に、「あなたからわたしたちを生み出す」擬似親密圏的な関係性である「わたしたちB」（図5参照）の形成機能が期待されている。理性ではない想像力による共感・連帯の『場』が必要とされるのである。

[決定プロセスへの接続]：日本の場合、熟議の結果と制度的公共圏（議会）との関係を正式に位置付けることが難しい。しかし、行政の執行権への介入の可能性として熟議民主主義の結果を決定プロセスへ反映させる可能性が拡大されてきた経緯がある。中国の熟議民主主義の発展においては、決定プロセスへの接続が主たる動機となっていると指摘されている。

[共同主観の形成]：熟議の最も基本的な効用として、参加者の意見変容がある。本書ではコミュニティ圏をめぐる熟議として、共同主観の形成を契機とした意見変容による合意形成の可能性を住民参加型コミュニティ診断手法を通して提案し検証した。

図9　コミュニティ政策と熟議民主主義を巡る四つの論点

　これまでコミュニティ政策に位置付けるべきコミュニティ・デモクラシーとして検討してきたのは、［正統性の創出］と［共感・連帯の形成］の問題であった。熟議民主主義の観点から提起した［決定プロセスへの接続］の問題は、制度的解決提案として議会との接続の可能性と行政の執行権限への介入として論じた。［共同主観の形成］については、再帰的近代において求められる熟議民主主義の反省性を合意形成の可能性として検討した問題である。

注

1　田村哲樹『熟議民主主義の困難』ナカニシヤ出版、二〇一七年。
2　東浩紀『一般意志2・0 ルソー、フロイト、グーグル』講談社、二〇一一年。
3　アントニオ・ネグリ『マルチチュード〈帝国〉時代の戦争と民主主義』ＮＨＫブックス、日本放送出版協会、二〇〇五年。
4　田村哲樹、前掲書。
5　東浩紀「事実と価値」『日本経済新聞』夕刊、二〇一八年六月二一日。
6　齋藤純一『公共性』岩波書店、二〇〇〇年。
7　田村哲樹『熟議の理由』勁草書房、二〇〇八年。
8　國分功一郎『中動態の世界』医学書院、二〇一七年。
9　中村雄二郎『述語的世界と制度 場所の論理の彼方へ』岩波書店、一九九八年。
10　中村雄二郎『哲学の現在　生きること考えること』岩波書店、一九七八年。
11　田村哲樹『熟議民主主義の困難』ナカニシヤ出版、二〇一七年。
12　Beibei Tang, Tetsuki Tamura, and Baogang He (2018), *Deliberative Democracy in East Asia: Japan and China* (The Oxford Handbook of Deliberative Democracy)

著者紹介

伊藤　雅春（いとう　まさはる）

明星大学常勤教授、（有）大久手計画工房主宰、（特）玉川まちづくりハウス運営委員長、コミュニティ政策学会事務局理事、世田谷区街づくり専門家。名古屋工業大学建築学科修士課程修了後、千葉大学自然科学研究科人間・地球環境科学専攻博士課程修了、博士（工学）。平松建築設計事務所、松本嘉雄建築研究所、東京工業大学工学部社会工学科非常勤講師、愛知学泉大学コミュニティ政策学部教授を経て現在に至る。1991年より日本各地でまちづくりワークショップを展開、現在は熟議民主主義とコミュニティ政策をテーマに世田谷区玉川地域でコミュニティ・マネジメントの実践に取り組んでいる。1956年愛知県生まれ。著書に『参加するまちづくり ～ワークショップがわかる本～』（OM出版、2003年）、『都市計画とまちづくりがわかる本』（株式会社彰国社、2011年）など。

コミュニティ政策学会監修

まちづくりブックレット　5

熟議するコミュニティ

2021年12月20日　　初　版第1刷発行　〔検印省略〕

定価は表紙に表示してあります。

著者©伊藤雅春／発行者 下田勝司　印刷・製本／中央精版印刷

東京都文京区向丘1-20-6　郵便振替00110-6-37828

〒113-0023　TEL (03) 3818-5521　FAX (03) 3818-5514

発行所 株式会社 東信堂

Published by TOSHINDO PUBLISHING CO., LTD.

1-20-6, Mukougaoka, Bunkyo-ku, Tokyo, 113-0023, Japan

E-mail : tk203444@fsinet.or.jp　http://www.toshindo-pub.com

ISBN978-4-7989-1600-2 C0336

東信堂

まちづくりブックレット

1 自治会・町内会と都市内分権を考える　名和田　是彦　一〇〇〇円
2 宮崎市地域自治区住民主体のまちづくり　宮崎市地域振興部地域コミュニティ課 地域まちづくり推進室　一〇〇〇円
3 横浜の市民活動と地域自治　石井大一朗編著　一〇〇〇円
4 地元コミュニティの水を飲もう―ポストコロナ時代のまちづくりの構想　鳥　越　皓　之　一〇〇〇円
5 熟議するコミュニティ　伊　藤　雅　春　一〇〇〇円

コミュニティ政策叢書

1 日本コミュニティ政策の検証―自治体内分権と地域自治へ向けて　山崎仁朗編著　四六〇〇円
2 高齢者退職後生活の質的創造―アメリカ地域コミュニティの事例　加　藤　泰　子　三七〇〇円
3 原発災害と地元コミュニティ―福島県川内村奮闘記　鳥越皓之編著　三六〇〇円
4 自治体行政と地域コミュニティの関係性の変容と再構築―「平成大合併」は地域に何をもたらしたか　役重　眞喜子　四二〇〇円
5 さまよえる大都市・大阪―「都心回帰」とコミュニティ　鯵坂学・徳田剛・西村雄郎・丸山真央　編著　三八〇〇円
6 地域のガバナンスと自治―平等参加・伝統主義をめぐる宝塚市民活動の葛藤　田　中　義　岳　三四〇〇円
7 地域自治の比較社会学―日本とドイツ　山　崎　仁　朗　五四〇〇円
8 米国地域社会の特別目的下位自治体―生活基盤サービスの住民参加実際のガバナンス　前山　総一郎　三六〇〇円
9 住民自治と地域共同管理　中　田　実　三四〇〇円
10 自治体内分権と協議会―革新自治体・平成の大合併・コミュニティガバナンス　三　浦　哲　司　三二〇〇円

〒113-0023　東京都文京区向丘 1-20-6　TEL 03-3818-5521　FAX03-3818-5514　振替 00110-6-37828
Email tk203444@fsinet.or.jp　URL:http://www.toshindo-pub.com/

※定価：表示価格（本体）＋税